Basiswissen für Führungskräfte

FALKEN & PITMAN MANAGEMENT

Gordon P. Rabey

Basiswissen für Führungskräfte

Selbstmanagement
Teambildung
Arbeitsorganisation

Übersetzung:
Sabine Meyer (Hamburg)

Fachliche Beratung:
Prof. Dr. Franz Giesel (Wiesbaden)

FALKEN

the Institute of Management

Inhalt

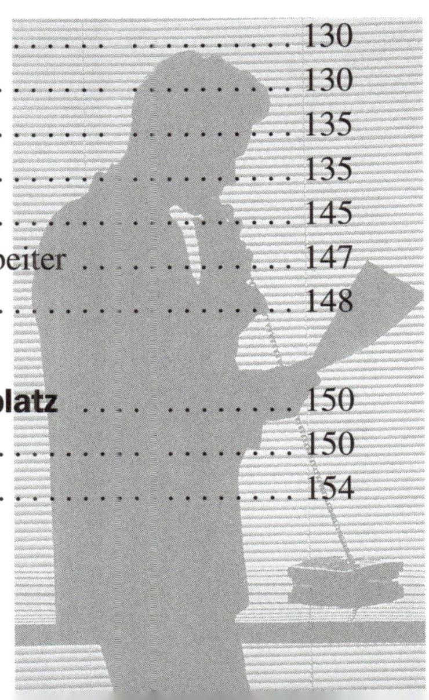

Teil 3
Teamführung

Teil 4
Ihre Zukunftsperspektive

Vorwort: Das Umfeld des Gruppen- oder Teamleiters

Dieser Abschnitt richtet sich vorrangig an Manager, denen Gruppen- und Teamleiter unterstellt sind.

Das traditionelle Bild eines Gruppenleiters als autokratische Führungsperson, deren Anweisungen unbedingt befolgt werden müssen, hat im heutigen Arbeitsleben nur noch geringe Bedeutung. Ausnahmen bestätigen natürlich die Regel, aber immer mehr Unternehmen erkennen, dass die Erwartungen der Unternehmensführung nur erfüllt werden können, wenn sich die Mitarbeiter für die Unternehmensziele engagieren.

Zunehmend trifft man auf neue Ansätze im Führungsstil und in der Unternehmensleitung. Die folgenden Punkte wurden als Antwort auf die Frage „Worauf konzentrieren sich heutzutage erfolgreiche Unternehmen?“ gegeben.

- Arbeitsergebnisse, die dem Quantitäts-, Qualitäts-, Kosten- und Zeitstandard entsprechen und Wirtschaftlichkeit gewährleisten,
- gegenwärtige und zukünftige technische Kompetenz,
- Kundennähe, sowohl innerbetrieblich als auch extern,
- kontinuierliche Verbesserung um mit geringeren Mitteln mehr zu erreichen,
- effektive Kommunikations- und Feed-back-Prozesse,
- Führung und Teamarbeit,
- soziale Kompetenz,
- Kompetenz bei Problemlösungen,
- Koordination von Aktivitäten,
- Einhaltung gesetzlicher Bestimmungen.

In jedem Bereich spielt der Gruppenleiter eine entscheidende Rolle; seine Effektivität beeinflusst die Ergebnisse ganz entscheidend. Doch selbst wenn man die Zutaten für den Erfolg kennt, heißt das noch nicht, alles zu wissen und eine Patentlösung zu haben. Wie bei einem guten Rezept kommt es auf die Mischung der Zutaten an.

Wissenschaftliche Studien in verschiedenen Ländern, die vergleichbare Unternehmen untersuchten, deren Produktivität jedoch stark voneinander abwich, kamen zu dem Ergebnis, dass der Unterschied hauptsächlich im Umgang zwischen Unternehmensführung und Arbeitnehmern bestand. Am produktivsten waren Unternehmen, in denen Arbeitnehmer Verantwortung trugen und bei der Zielsetzung und bei Problemlösungen hinzugezogen wurden.

Theoretisch müssten diese Ergebnisse bereits die Notwendigkeit entsprechender Umstrukturierungen erkennen lassen, aber in der Praxis sind zahlreiche Hürden zu überwinden. Viele Unternehmen wurden in jüngster Vergangenheit umstrukturiert bzw. umorganisiert. Einige Unternehmen befinden sich noch mitten in diesem Prozess. Diese Maßnahmen führten unweigerlich zum Abbau der Belegschaft („das schlanke Unternehmen", wie man heutzutage gerne sagt).

Das mittlere Management wurde drastisch reduziert; immer mehr Aufgaben werden außer Haus vergeben oder Arbeitskräften mit befristeten Verträgen übertragen. Das Bemühen mit geringeren Mitteln mehr zu erreichen nimmt ständig zu. Durch den stärker werdenden Konkurrenzkampf lassen sich viele Manager eher von kurzfristigen Fertigstellungsterminen als von vorausschauender Planung leiten.

In diesem hektischen Umfeld bilden die Gruppenleiter eine der wichtigsten Ressourcen des Unternehmens, denn sie kontrollieren die Mitarbeiter, die die Arbeit ausführen, die mit den Kunden zu tun haben und deren Leistung letztlich über Erfolg oder Misserfolg, Gewinn oder Verlust entscheidet.

Auch wenn Gruppenleitern nur unzureichend ausgebildete Mitarbeiter und begrenzte finanzielle Mittel zur Verfügung stehen, auch wenn sie unter Zeitdruck stehen und mit Arbeitsplatzunsicherheit konfrontiert sind, erwartet man von ihnen häufig eine zügige *Umgestaltung des Arbeitsumfeldes,* die Folgendes beinhalten soll:

- kosteneffektives Quality Management,
- Marktausrichtung und Kundennähe,
- kontinuierliche Verbesserung,
- höhere Gewinne bei geringeren Kosten,
- Leistungsbeurteilung,
- Einführung neuer Technologien,
- Vielfalt statt Konformismus,
- Aus- und Weiterbildung,
- Einleitung von Veränderungen,
- Übernahme der Rolle eines *Team*leiters,
- effektive Kontrolle.

Abb. 1 **Schwerpunkte leistungsfähiger Unternehmen**

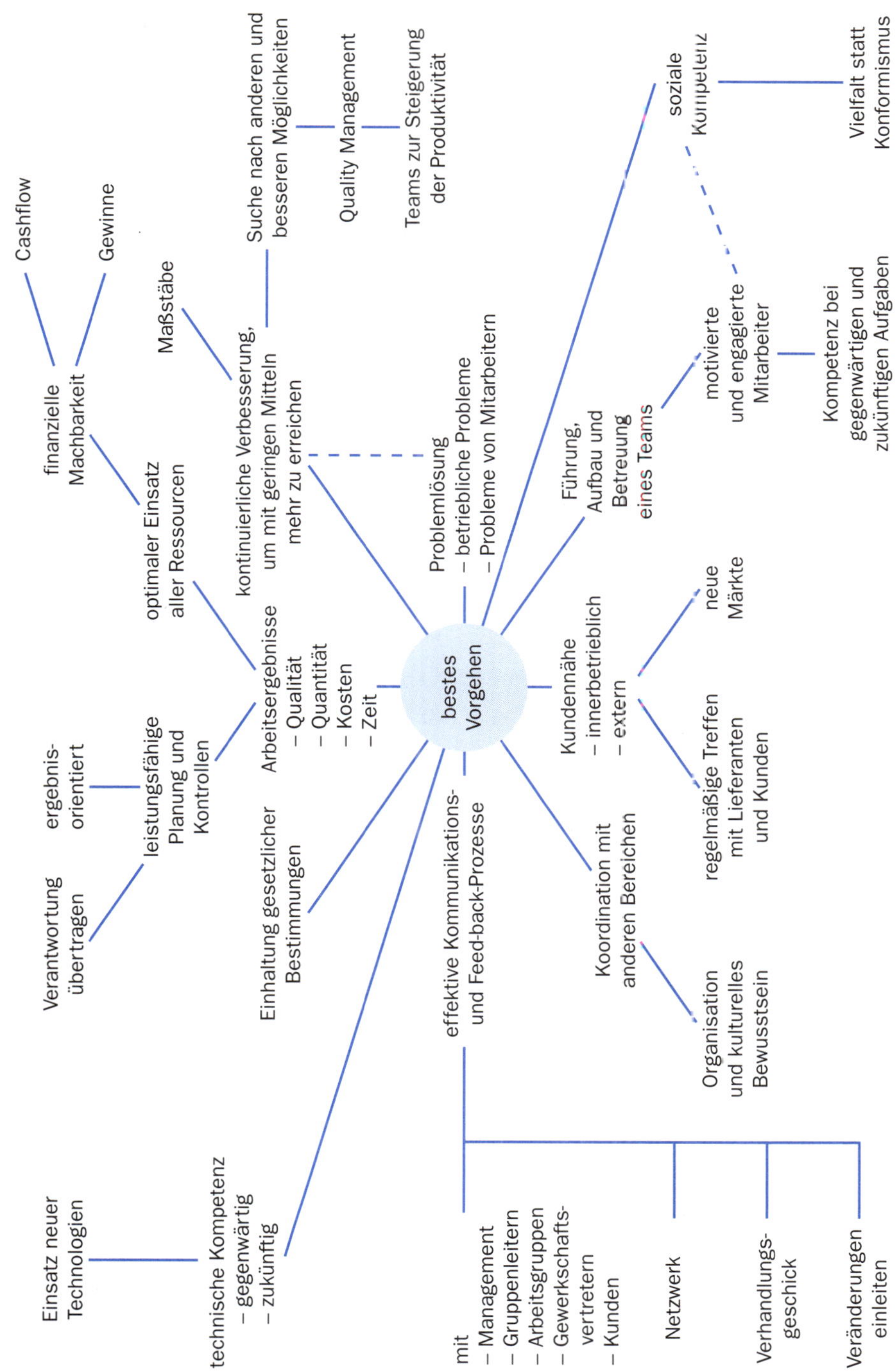

Viele Gruppenleiter sind auf diese Aufgaben jedoch nur unzureichend vorbereitet. Deshalb wird der Ruf nach einer besseren und umfassenderen Ausbildung von Gruppenleitern immer lauter. Entsprechende Bemühungen und die in letzter Zeit aufgewendeten finanziellen Mittel sind beachtlich.

Zweifellos ist dies ein wichtiger Schritt; er stellt allerdings nur eine Teillösung dar. Denn Arbeit überschreitet Aufgabenbereiche und hierarchische Strukturen und nur eine bestimmte Gruppe von Mitarbeitern auszuwählen und von ihr Besonderes zu erwarten wird kaum die gewünschten Ergebnisse bewirken. Die Versuche von Unternehmensreformen lassen sich mittlerweile kaum noch zählen: Management by Objectives, Management by Excellence, Quality Circles, ergebnisorientierte Führung, Festlegen von Kompetenzen, Mitarbeiterführung und Teamarbeit, Total Quality Management usw. Und die Suche nach Lösungen geht unvermindert weiter. Jede Theorie hat ihren Wert und einige haben sogar zu bedeutenden Veränderungen geführt, doch spätestens nach ungefähr 18 Monaten taucht gewöhnlich ein neuer Management-Guru auf, dessen Patentrezept neue Anhänger findet. Angesichts dessen kann man dem schönen Vergleich nur zustimmen: Es wird Zeit, dass wir unseren Kurs wieder nach den Sternen bestimmen statt uns von den Lichtern vorbeiziehender Schiffe leiten zu lassen.

Ein Unternehmen ist ein komplexes Gebilde mit einer eigenen Kultur und eigenen Abwehrmechanismen. Es muss auf seine Gesundheit achten und Strategien im Umgang mit der Außenwelt entwickeln. Dafür wird es auf viele Ressourcen zurückgreifen, insbesondere auf solche, deren Effektivität sich bewährt hat. Die kontinuierliche Stärke muss jedoch von den koordinierten und unterstützenden Maßnahmen des Managements ausgehen und dazu zählen auch die Gruppenleiter.

Das vorliegende Buch beschäftigt sich mit dem im Alltag eines Gruppenleiters erforderlichen Rüstzeug. Der Beitrag von Gruppenleitern zur betrieblichen Produktivität hängt aber stark von ihrem Platz im Management und von der Hilfe und Unterstützung ab, die sie hier erhalten.

Gruppenleiter als Ressource

Die augenblickliche wirtschaftliche Lage macht die Rendite zu einem entscheidenden Faktor, sowohl im privaten als auch im öffentlichen Bereich. Kosten sollen keinesfalls steigen, wenn möglich sogar gesenkt werden. Produktivität und Effektivität müssen erhöht werden.

Höhere Produktivität lässt sich erzielen durch die Zusammenarbeit kompetenter Mitarbeiter, die sich für ein gemeinsames, von allen getragenes Ziel einsetzen.

Die Produktion einer Ware oder das Angebot einer Dienstleistung fallen in der Regel in den Aufgabenbereich der Mitarbeiter an vorderster Front. Sie werden durch den Ansporn und das Vorbild ihrer direkten Vorgesetzten, der Gruppenleiter, beeinflusst. Daher hängt es stark von den Gruppenleitern ab, ob die Ziele innerhalb des Budgets erreicht werden oder nicht.

Gruppenleitern kommt also eine Schlüsselaufgabe zu. Sie haben entscheidenden Einfluss auf die Produktivität, die Effektivität und damit auch auf die Rentabilität eines Unternehmens.

Gruppenleiter prägen auch das Bild des Unternehmens nach außen, sei es im Dienstleistungsbereich, beim Verkauf oder bei einem Telefonat mit dem Kunden. Gerade dieser Bereich ist besonders sensibel, denn die größte Negativwerbung kommt von unzufriedenen Kunden.

Gruppenleiter beeinflussen darüber hinaus die Arbeitsmoral und die Motivation. Sie sind das Bindeglied zwischen Geschäftsführung und Belegschaft. Kurz: *Gruppenleiter sind die wichtigste Ressource eines Unternehmens.*

Gruppenleiter nehmen eine entscheidende Position zwischen Planung und Umsetzung ein.

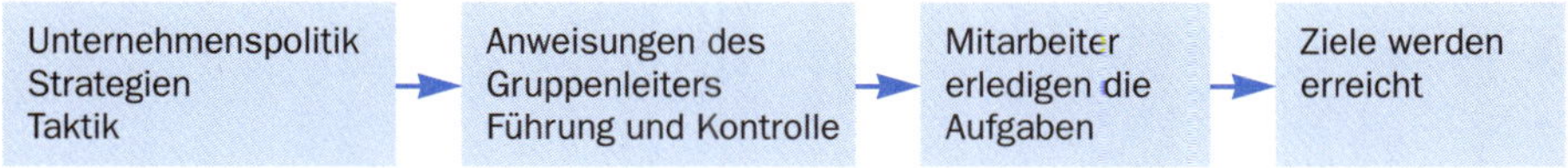

Die Aufgaben von Gruppenleitern sind im Umbruch. Das hat folgende Ursachen:

- das Wissen um die Macht der Arbeitnehmer und die Erkenntnis, dass Loyalität erst vom Unternehmen verdient werden muss,
- die Tendenz zur Abflachung der hierarchischen Pyramide durch Ausdünnung des mittleren Managements,
- die Notwendigkeit einer engeren Kommunikation zwischen der Unternehmensführung und dem Betrieb,
- die Zunahme von besser ausgebildeten Arbeitskräften, die an Entscheidungsprozessen beteiligt sein wollen,

- die zunehmende Erkenntnis, dass Mitarbeiter ein Interesse an ihrer Arbeit haben und informiert sein wollen, was um sie herum vorgeht,
- die wachsende Besorgnis über im Falle des Versagens eines Gruppenleiters entstehende Kosten.

Der Ruf eines Unternehmens hängt von der Leistung seiner Gruppenleiter ab.

In seinem Tätigkeitsfeld soll der Gruppenleiter

- planen,
- führen,
- Kosten, Qualität, Arbeitsabläufe, Ergebnisse und den Ausschuss kontrollieren,
- Krisen meistern,
- Arbeitsmethoden verbessern,
- organisieren,
- kommunizieren,
- moderieren,
- Termine einhalten,
- motivieren,
- trainieren,
- coachen,
- loben,
- Veränderungen einführen,
- koordinieren,
- delegieren,
- maßregeln,
- betriebliche Probleme lösen,
- Probleme mit Mitarbeitern lösen,
- die Sicherheit überwachen,
- Berichte schreiben,
- Kontakt zur Mitarbeitervertretung halten,
- Kontakt zum Management halten.

Eventuell kommen weitere Aufgaben hinzu. Zudem wird von Gruppenleitern erwartet, dass sie mit dem Tag ihrer Beförderung diese Aufgaben kompetent ausführen. Danach wird ihre Leistung beurteilt. Daraus ergeben sich vier Fragen:

- Wer hat sie auf diese Aufgaben vorbereitet und wie gut ist dies gelungen?
- Zusätzlich zu den oben genannten Aufgaben haben viele Gruppenleiter noch ihren eigenen Arbeitsbereich. Haben sie wirklich ausreichend Zeit und Möglichkeiten ihren Aufgaben als Gruppenleiter nachzukommen?
- Spiegelt das Gehalt im Vergleich zu den Mitarbeitern, deren Vorgesetzter sie sind, die Verantwortung wider?
- Wie gut sind sie informiert?

In Zeiten schwieriger Arbeitgeber-Arbeitnehmer-Beziehungen bemüht sich die Unternehmensführung meist verstärkt um eine bessere Kommunikation mit den Gewerkschaften und informiert die Gewerkschafts- und Arbeitnehmervertreter über ihre Absichten und Vorhaben. Innerhalb der Mitarbeitervertretung funktioniert die Kommunikation im Allgemeinen recht gut.

Gruppenleiter sind jedoch nur selten an den Diskussionen zwischen Unternehmensführung und Gewerkschaft beteiligt. Vielleicht werden sie später über wichtige Punkte informiert, aber dadurch kennen sie noch nicht die dahinter stehende Absicht.

Wenn der Gewerkschaftsvertreter bessere und genauere Informationen als der Gruppenleiter hat, wer wird dann wohl das Team der Mitarbeiter führen?

> **D**ie Umsetzung der Unternehmensziele hängt ganz wesentlich davon ab, ob Gruppenleiter Mitglieder des Managementteams sind, ob sie bei Entscheidungen hinzugezogen werden und ob ihnen Managemententscheidungen bekannt sind.

2600 Gruppenleitern aus sehr unterschiedlichen Unternehmen aus dem privaten und dem öffentlichen Bereich wurde folgende Frage gestellt: „Haben Sie an Ihrem Arbeitsplatz das Gefühl Teil des Managementteams zu sein?“ 6% antworteten mit „Ja“. 21% antworteten „manchmal“ und 73% verneinten (das entspricht 1898 Gruppenleitern). Von diesen 1898 gaben ungefähr 9% (171) an, sie seien nicht gerne Gruppenleiter, die Aufgabe befriedige sie nicht.

Angenommen, Sie sind für die Leistung einer Maschine im Wert von ungefähr 1 Million DM verantwortlich – wie viel Zeit würden Sie jede Woche zur Überprüfung der Maschine aufwenden? Wie viel ist demgegenüber ein guter

Gruppenleiter wert? Wie viel Zeit verbringt ein Manager jede Woche damit, mit seinen Gruppenleitern zu sprechen und ihnen zuzuhören, die gegenwärtige und zukünftige Arbeit zu diskutieren, Probleme und Lösungen zu besprechen und den Teammitgliedern beratend zur Seite zu stehen? Halten Sie 30 Minuten (1,25% einer 40-Stunden-Woche) für ein angemessenes Ziel? Bevor sich dies allerdings umsetzen lässt, ist wahrscheinlich entsprechendes Zeitmanagement aufseiten des Managers erforderlich.

> **G**ruppenleiter nehmen in jedem Unternehmen eine Schlüsselposition ein. Sie können jedoch nur effektiv arbeiten, wenn sie Mitglieder des Managementteams sind, wenn man sie informiert und ihnen vertraut.

Ein kompetenter Gruppenleiter muss

- seine Aufgaben kennen,
- wissen, was von ihm gefordert wird,
- die erforderlichen Kenntnisse haben um Ziele zu erreichen,
- über gegenwärtige und zukünftige Angelegenheiten informiert sein und sich als Teil des Managementteams begreifen.

> **M**it der Qualität der Gruppenleiter steigen auch Produktivität und Effektivität.

Einleitung

Natürlich haben Sie die vorhergehenden Seiten, die sich an Ihren Vorgesetzten richten, gelesen. Sie sind wichtig und Sie sollten sicherstellen, dass auch er sie gelesen hat. Wenn Sie Ihre Aufgabe effektiv erledigen möchten – und dafür werden Sie bezahlt –, ist es entscheidend, dass Sie und Ihr Vorgesetzter zusammenarbeiten.

Es ist nicht einfach Gruppenleiter zu sein. Denn man muss – will man ein guter Gruppenleiter sein – viel Arbeit für die Aneignung der erforderlichen Kenntnisse und Fertigkeiten aufwenden.

Ein neuer Gruppenleiter benötigt viel Hilfe. Vielleicht ist es Ihnen wie anderen vor Ihnen ergangen und man hat Ihnen mitgeteilt: „Sie sind jetzt Gruppenleiter. Sie tragen jetzt die Verantwortung. Sie werden schnell lernen, worauf es ankommt, und wenn es sich einrichten lässt, möchten wir Sie demnächst auf ein Seminar schicken. Viel Glück."

In den folgenden Wochen werden Sie feststellen, dass man Sie nicht aufgrund Ihrer Arbeit beurteilt, wobei unwichtig ist, wie hart Sie arbeiten, sondern aufgrund der Leistung Ihrer Gruppe. Das Team wendet sich wegen der Planung, Organisation, Leitung, Kontrolle und Kommunikation an Sie. Alle orientieren sich an Ihrem Vorbild.

Dieser Ratgeber soll Sie bei den Herausforderungen Ihres neuen Aufgabenbereiches unterstützen, denn ab jetzt müssen Sie Ergebnisse durch die Leistung anderer erbringen.

Gordon P. Rabey

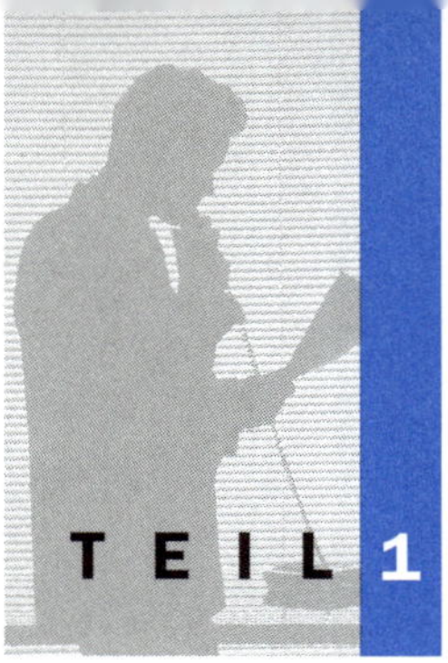

Teil 1

Ihr Arbeitsbereich

KAPITEL 1

Die Auswirkungen neuer unternehmerischer Konzepte

INHALT

- **Das „schlanke Unternehmen“**
- **Dezentralisierung**
- **Kundenorientierung**
- **Unternehmensführung**

In der Vergangenheit wurden Unternehmen meist als Pyramide angesehen – mit den Führungskräften an der Spitze und dann in der Hierarchie herunter bis zu den Mitarbeitern an der Basis. Andere Anschauungen wurden kaum in Erwägung gezogen.

In jüngster Vergangenheit, seit die wirtschaftliche Lage im internationalen Wettbewerb das Überleben vieler Unternehmen bedroht und die Nutzung des konstruktiven und kreativen Potenzials der Mitarbeiter dringlicher wird, hinterfragte man den pyramidenförmigen Aufbau. Da der Gewinn als das vorrangige Ziel gilt, war es logisch, dass jede Managementebene ihre Berechtigung durch eine Wertsteigerung des Endprodukts bzw. der Dienstleistung rechtfertigen musste und dass überwiegend beaufsichtigende oder beratende Aufgaben als nicht mehr ausreichend angesehen wurden.

So begann die Abflachung der Pyramide, Teile des mittleren Managements verschwanden, die Bedeutung von Vorgesetzten auf der Gruppenebene nahm zu und neue Vergütungsmodelle mussten entwickelt werden. Weitere Veränderungen folgten. Umstrukturierungen erforderten eine Umorganisation; zunehmend musste mit geringeren Mitteln mehr erreicht werden, was zum Abbau von Arbeitsplätzen führte. Neue Begriffe kursierten, z. B. „das schlanke Unternehmen“.

Bestimmte Unternehmensbereiche und Entscheidungsprozesse wurden – auch im Interesse eines besseren Kundenservice – zunehmend dezentralisiert, was durch verbesserte Kommunikationsmöglichkeiten leichter möglich war. Diese Dezentralisierung wurde dann aber in gewissem Maß durch eine zentrale Kontrollinstanz wieder aufgehoben, die schnelle und flexible Reaktionen auf das Vorgehen der Konkurrenz oder nationale und internationale Ereignisse ermöglichen sollte.

In größeren Unternehmen wurden dazu eigene Einheiten geschaffen, die nach Vorgaben der Hauptverwaltung eigenständig arbeiteten. Sie mussten aus eigener Kraft überleben.

Schließlich kam man zu der im Nachhinein offensichtlichen Erkenntnis, dass ein Unternehmen nur existiert um die Bedürfnisse seiner Kunden zu befriedigen und dass die Anforderungen vom Markt und nicht vom Produkt bestimmt werden. Der Qualität wurde höchste Priorität eingeräumt. Als man den pyramidenförmigen Aufbau noch einmal überdachte, kam man zu dem Schluss, es sei passender die Pyramide auf den Kopf zu stellen.

Abb. 1.1 Umgekehrte Pyramide als Bild der Unternehmensstruktur

Dies zeigte die wichtige Aufgabe der Gruppenleiter, d. h. jener Mitarbeiter, die die Arbeitsabläufe und -ergebnisse der Arbeitnehmer mit direktem

Kundenkontakt planen, einteilen und kontrollieren. Und es wurde vielleicht zum ersten Mal deutlich, dass eine Hauptaufgabe aller anderen Führungskräfte darin besteht, diese Gruppenleiter zu unterstützen und ihnen Entscheidungsbefugnisse zu übertragen.

Die Aufgaben von Gruppenleitern veränderten sich auf diese Weise drastisch und verlangen heute ein höheres Maß an Kompetenz in einem breiteren Aufgabengebiet. Die Faktoren, die zu dieser strukturellen Neuordnung geführt haben, sind aber nur das Grundgerüst unternehmerischer Strategien. Auch die Art und Weise der Unternehmensführung hat sich verändert. Bei vielen Unternehmen zeigt sich heute folgender Ablauf:

- Etablierung langfristiger Ziele, einer Unternehmenspolitik und Festlegen des Unternehmenskurses,
- Erkennen der Faktoren, die für das Erreichen der Ziele entscheidend sind,
- Strukturierung der Abläufe, die zum Erreichen dieser Erfolgsfaktoren erforderlich sind,
- Festlegen von messbaren und zeitlich begrenzten Zielen für jede Stufe eines Ablaufes,
- Vermittlung an die Mitarbeiter und Gewinnung ihres Engagements für diese Ziele,
- Einführung genauer Standards für jede Stufe eines Ablaufes, damit sich Fortschritte messen bzw. bewerten lassen und die Leistung überwacht werden kann,
- Festlegung individueller Verantwortlichkeiten für Leistungsergebnisse.

All diese Anforderungen lassen sich auf die tatsächlichen Tätigkeiten eines Gruppenleiters übertragen. Sie verlangen die Aneignung und Anwendung entsprechenden Wissens und entsprechender Fähigkeiten.

KAPITEL 2

Der Rahmen Ihrer Arbeit

INHALT

EFFEKTIVITÄTSKRITERIEN

Erfolgreiche Unternehmen müssen nach unumstrittener Ansicht folgende Kriterien erfüllen:

- klare Ausrichtung und klare Schwerpunkte,
- Umsetzung eines guten Qualitätsmanagements,
- Zuweisung individueller Verantwortlichkeiten auf allen Ebenen,
- die Einsicht, dass betriebliche Ziele nur erreicht werden, wenn die Mitarbeiter in motivierten und engagierten Teams zusammenarbeiten,
- kontinuierliche Verbesserungen,

- Förderung unterschiedlicher Fertigkeiten bei den Mitarbeitern,
- die Überzeugung, dass Erfolg durch den Aufbau und Erhalt von Vertrauen entsteht.

Dies hat konkrete Bedeutung für Ihr Unternehmen und Ihre Arbeit. Ihnen wurde Verantwortung übertragen. Sie wurden befördert, weil das Management Ihre Fähigkeiten und den Wert Ihrer Arbeit erkannt hat und der Meinung war, Sie könnten jetzt die Verantwortung für einen Arbeitsbereich übernehmen. Vielleicht bezeichnet man Sie jetzt als Manager, Abteilungsleiter, Gruppenleiter, Vorarbeiter, Teamleiter, Supervisor o.ä. In diesem Buch werden wir den Begriff Gruppenleiter verwenden. In Ihrer neuen Position tragen Sie jetzt Verantwortung, planen und kontrollieren die Arbeit einer Reihe von Mitarbeitern – Ihrer Gruppe – und Sie sind für das Erreichen der vom Management gesetzten Ziele verantwortlich.

Bisher

waren Sie als Mitarbeiter	dafür verantwortlich →	Ihre Arbeit zu erledigen.

Als Gruppenleiter ist Ihre Aufgabe jetzt eine andere:

Sie als Gruppenleiter	arbeiten durch →	die Mitarbeiter in Ihrer Gruppe,	damit →	die Arbeit entsprechend der Zielvorgabe erledigt wird.

Sie müssen jetzt über neue Fertigkeiten, neues Wissen und andere Verhaltensstrategien verfügen. Sie werden nicht mehr dafür bezahlt, eine Arbeit selbst zu erledigen, sondern Sie müssen dafür sorgen, dass diese Arbeit entsprechend den Anforderungen ausgeführt wird. Doch obwohl Sie Ihr Ziel kennen und darauf brennen, Ergebnisse zu erreichen, ist dies für die Mitarbeiter Ihrer Gruppe vielleicht nicht so eindeutig und eventuell teilen sie weder Ihr Engagement noch Ihre Ziele.

Wenn Sie also effektiv arbeiten wollen, müssen Sie als Führungspersönlichkeit überzeugen, als jemand, dem die Leute aus eigener Überzeugung folgen.

Von Anfang an müssen sowohl Sie als auch Ihr Vorgesetzter festlegen, für was und für wen Sie verantwortlich sind und welche Entscheidungsbefugnisse Sie haben.

Ihr *Verantwortungsbereich* umfasst alle Dinge, die Sie erledigen und für die Sie „geradestehen" müssen, und die Ergebnisse, die von Ihnen erwartet werden. Dies beinhaltet nicht nur die Produktion oder die Arbeitsleistung, sondern kann auch Lagerkontrolle, Einstellung neuer Mitarbeiter, Überwachen von Qualitätsstandards und das Gewährleisten der Arbeitssicherheit umfassen.

Ihre *Autorität* sind die Machtbefugnisse, die Ihnen Ihr Vorgesetzter übertragen hat, damit Sie Ihrer Verantwortung gerecht werden können – wie viel Material Sie ohne Genehmigung von höherer Stelle bestellen können, wie viel Geld Sie ausgeben dürfen, wie viel Kontrolle Sie ausüben können usw.

Solange Sie keine Entscheidungsbefugnisse für die Dinge haben, die Sie verantworten müssen, werden Sie nicht effektiv arbeiten können – wofür man Sie dann allerdings auch kaum verantwortlich machen kann.

Dies gilt allerdings nicht für alle Positionen in einem Unternehmen. Das Management beruft häufig Experten, die betrieblichen Mitarbeitern zur Seite stehen sollen, beispielsweise einen Sicherheitsbeauftragten, einen Beauftragten für Weiterbildung oder jemanden für Unternehmensberatung. Diese Personen tragen durchaus Verantwortung, dürfen aber nichts genehmigen. Sie können somit Empfehlungen, aber keine Anweisungen geben.

Solche Experten sollte man im Auge behalten. Da sie keine Entscheidungsbefugnisse besitzen, kann ihre Arbeit schnell frustrierend sein, wenn ihre Empfehlungen nicht umgesetzt werden. Sie haben keine Machtbasis, doch nicht selten versuchen sie sich eine Position zu schaffen, die mehr als den abgesprochenen Aufgabenbereich umfasst, oder sie versuchen sich in betriebliche Angelegenheiten einzumischen. Auch die verschiedenen vom Management einberufenen Komitees sind auf beratende Aufgaben beschränkt, es sei denn, sie haben festgelegte Entscheidungsbefugnisse. Auch Komitees sollte man im Auge behalten.

Ein weiterer wichtiger Faktor ist die *Verantwortlichkeit,* Verantwortlichkeit für die Leistung, für das Erreichen der gesetzten Ziele, das Erzielen von Ergebnissen (Letzteres ist nicht gleichbedeutend mit beschäftigt sein). Mitarbeiter sind ausschließlich dafür eingestellt, die Arbeit zu erledigen, und wenn das Unternehmen eine angemessene Gegenleistung für die gezahlten Gehälter erhalten will, muss die Leistung fortwährend bewertet werden. Darauf wird auf Seite 111 näher eingegangen.

Ohne persönliche Verantwortlichkeiten auf allen Ebenen kann eine Unternehmensstrategie oder ein Unternehmensvorhaben kaum erfolgreich sein.

Verantwortlichkeit wird auf eine Einzelperson übertragen, nicht auf eine Gruppe. Verantwortungsbereich und Entscheidungsbefugnisse eines Gruppenleiters können sich je nach Unternehmen stark unterscheiden. Im Allgemeinen fallen jedoch folgende Bereiche darunter:

- Planung der Arbeit und die Entscheidung, wie, wann, wo und von wem etwas am besten erledigt wird,
- Organisation der Ressourcen – Menschen, Zeit, Geld, Ausrüstung oder Material –, damit die Arbeit in der vorgegebenen Zeit erledigt wird (dazu gehört Mitarbeitern Aufgaben zu übertragen),
- Mitarbeiterführung und Unterstützung der Mitarbeiter einer Gruppe, damit jeder im Team sein Bestes gibt und alle zusammenarbeiten um die vereinbarten Ziele zu erreichen,
- Kontrolle und Leistungsbeurteilung, damit die Arbeit gut läuft, z. B. Kontrolle und Beurteilung der Produktion, des Arbeitsablaufs und der Ergebnisse, des Qualitätsstandards, der Kosten, des Abfalls oder Ausschusses, der Maschinenwartung, der Weiterbildung der Mitarbeiter und der Einhaltung der Budgets,
- Kommunikation, damit jeder, der informiert sein sollte, nicht nur weiß, was augenblicklich geschieht, sondern auch, was geplant ist. informiert werden müssen die Manager, andere Gruppenleiter, die Mitarbeiter in der Gruppe, vielleicht auch die Techniker, die Arbeitnehmervertreter oder andere.

Dies sind die Kriterien für die Effektivität des Gruppenleiters. Als Leiter einer Arbeitsgruppe müssen Sie nicht nur das Arbeitspensum und Ihre Mitarbeiter „im Griff haben“, es geht vielmehr darum, die Arbeit Ihrer Mitarbeiter so zu planen, dass übergreifende Ziele erreicht werden.

Abb. 2.1 Die Hand eines Gruppenleiters – die Voraussetzungen für Ihre Aufgaben

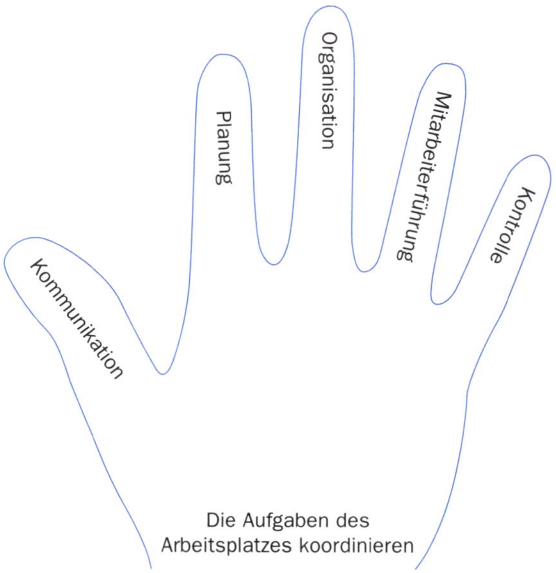

Wie Ihre Aufgaben genau aussehen, hängt von Ihrem Arbeitsplatz und dem Unternehmen ab, für das Sie arbeiten. Die Aufgaben eines Gruppenleiters unterliegen jedoch merklichen Änderungen. In einigen Unternehmen sind Gruppenleiter verantwortlich für

- die Auswahl und Einstellung von Mitarbeitern,
- Weiterbildungsmaßnahmen,
- die direkte Weitergabe von Informationen (kurze Meetings zu Beginn jedes Arbeitstages),
- Kundennähe,
- Qualitätsstandards,
- das Erstellen von Arbeitsplänen,
- die permanente und umfassende Verbesserung der Arbeitsleistung und -ergebnisse,
- die Unterstützung der Gruppe bei Problemlösungen,
- einfache Wartungsarbeiten (in Zusammenarbeit mit den jeweiligen Mitarbeitern),
- Schreibarbeiten und das Erstellen von Berichten,
- hohe Anwesenheitsrate und Pünktlichkeit.

> **N**ach einer Standarddefinition ist es die Aufgabe eines Gruppenleiters, das Team so zu führen, dass in einem wirtschaftlichen Rahmen qualitativ und quantitativ hohe Arbeitsleistungen innerhalb eines vorgegebenen zeitlichen Rahmens und in einer hoch motivierten Arbeitsatmosphäre erzielt werden.

Weitere Aufgaben kommen hinzu und in einzelnen Bereichen sind vertiefte Kenntnisse erforderlich; heute werden größere Führungsfähigkeiten und mehr Wissen verlangt als jemals zuvor. Zusätzlich zu den übertragenen Aufgaben muss der Gruppenleiter über folgende Bereiche Bescheid wissen:

- den generellen Kurs des Unternehmens und den Standort des eigenen Teams,
- die Unternehmenskultur,
- die eigenen Prioritäten,
- die Unternehmenspolitik und die Anforderungen am eigenen Arbeitsplatz,
- die finanziellen Erwartungen an das Team,
- die Zwänge, unter denen man arbeiten muss,
- die betrieblichen Anforderungen an den Arbeitsplatz und die Standardergebnisse,
- die Kostenrechnung und die Zahlungsmodalitäten,
- die Kontrollmechanismen für die eigene Arbeit,
- die Inhalte des gültigen Tarifvertrages,
- die Einführung neuer Mitarbeiter in das Team,
- die Schulung und Auffrischung bestimmter Fertigkeiten und die Förderung von Mitarbeitern,
- den Umgang mit Beschwerden und die Zurechtweisung von Mitarbeitern,
- die Verhinderung von Arbeitsunfällen und Schaffung eines sicheren Arbeitsumfeldes,
- die Zusammenarbeit und Koordination mit anderen Teams,
- die Zusammenarbeit mit Arbeitnehmer- oder Gewerkschaftsvertretern.

Als Gruppenleiter sind Sie verschiedenen Personen gegenüber für verschiedene Dinge verantwortlich. Für Ihre Mitarbeiter repräsentieren Sie das Management und für das Management sind Sie das Bindeglied zu den Mitarbeitern. Sie reden und handeln jedoch auf der Basis der Autorität Ihrer eigenen Position. Ob Sie als Gruppenleiter Erfolg haben, hängt zum großen Teil davon ab, wie gut Ihnen dies gelingt.

Abb. 2.2 Ihre Position

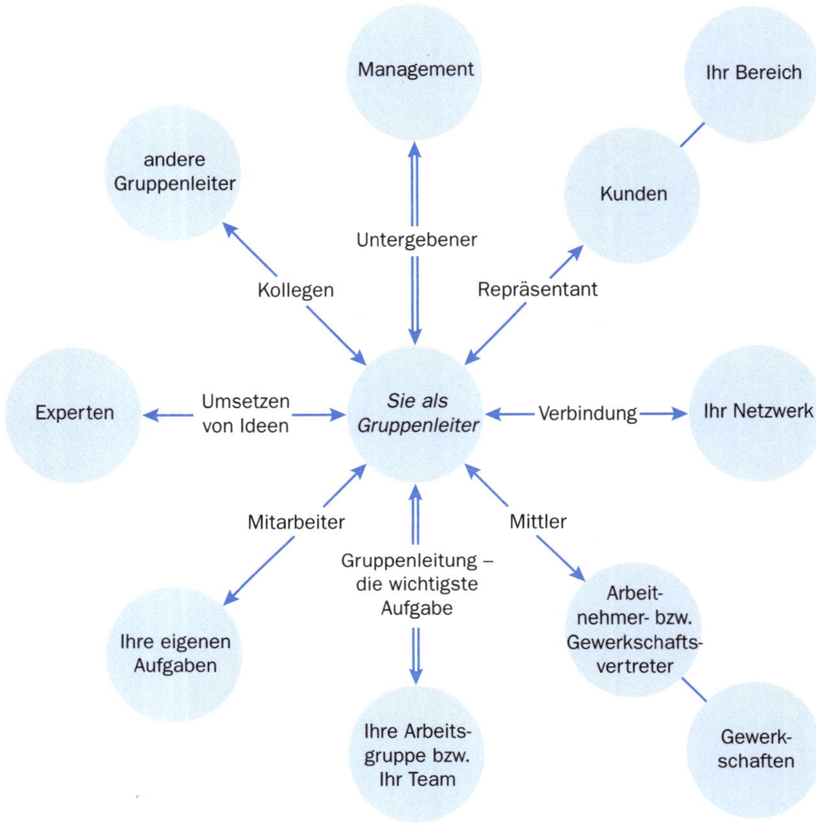

Das Management erwartet

- dem Qualitätsstandard entsprechende Ergebnisse,
- innerhalb des Budgets erreichte Ziele,
- Information und Beratung über erwartete Ereignisse,
- Kontrolle des Einsatzes von Zeit, Geld, Energie, Rohstoffen und Material,
- hohe Arbeitsmoral und großes Engagement,
- Loyalität gegenüber dem Management,
- Problemlösungen und kreatives Denken,
- Kundennähe.

Ihre Mitarbeiter erwarten

- einen klaren Kurs und klare Ziele mit Terminvorgaben,
- Informationen über den geforderten Leistungsstandard,
- gleichberechtigte, faire Zusammenarbeit,
- Ausbildung und Förderung am Arbeitsplatz um sich auf zukünftige Aufgaben vorzubereiten,
- Feed-back über ihre Arbeit,
- richtige Ausrüstung und angemessene Ressourcen,
- gute Arbeitsbedingungen,
- einen gleichmäßigen Arbeitsanfall ohne Arbeitsspitzen und Leerlaufzeiten,
- Anerkennung ihrer Arbeit und Anerkennung ihres Wertes als Menschen,
- die Weiterentwicklung des Teams,
- Ermunterung schwere Aufgaben anzupacken,
- Schutz vor Gefahren,
- ein Vorbild,
- Informationen über den gegenwärtigen Stand und die zukünftige Planung.

Andere Gruppenleiter erwarten

- Kooperation,
- gute und pünktliche Erledigung Ihres Teils der Gesamtaufgabe,
- Aufrechterhaltung des Standards.

Eine echte Schwierigkeit ist allerdings auf den ersten Blick nicht erkennbar. *Die Aufgaben eines Gruppenleiters kosten Zeit.* Zusätzlich wird jedoch von Ihnen erwartet, dass Sie Ihre Arbeit erledigen, und wahrscheinlich sind Sie der Meinung als Arbeitnehmer mit gutem Beispiel vorangehen zu müssen. Doch Ihre Bezahlung, Beurteilung und weitere Beförderung hängen jetzt davon ab, wie gut Sie Ihre Führungsaufgaben erfüllen.

Die Mitarbeiter erledigen die Arbeit, für die sie eingestellt sind. Dies setzt aber voraus,

- dass der Arbeitsablauf geplant und kontrolliert wird,
- dass die Mitarbeiter über die erforderliche Kompetenz verfügen,
- dass sie motiviert sind die Arbeit gut zu machen,
- dass die erforderlichen Ressourcen vorhanden sind.

Doch was geschieht, wenn

- ein Arbeitsbereich nicht den Anforderungen entspricht,
- Arbeit reklamiert wird,
- die Leistung nicht den Vorgaben entspricht,
- der Arbeitsanfall stark schwankt,
- es mit einem Mitarbeiter Probleme gibt?

Und hinzu kommt noch die Verantwortung anderen Arbeitsbereichen gegenüber. Jetzt wissen Sie, weshalb man Sie ausgewählt hat!

PRIORITÄTEN SETZEN

Vielleicht fühlen Sie sich an diesem Punkt wie ein Jongleur, von dem erwartet wird, dass er mehrere Bälle gleichzeitig in Bewegung hält. Sie müssen aber nicht alles gleichzeitig erledigen. *Ihre Stärke liegt darin, dass Sie Ihre Prioritäten kennen.* Es wird immer wieder unterschiedliche Anforderungen geben, die sich zeitlich nicht miteinander vereinbaren lassen. Sie müssen sich bewusst entscheiden, was Sie zuerst erledigen.

Gehen Sie langsam und bedacht vor, bis Sie das erforderliche Selbstvertrauen gewonnen haben, das sich aus der Kompetenz ergibt. Denken Sie daran, dass einige Menschen mit zunehmender Verantwortung wirklich wachsen, andere sich dagegen nur größer fühlen.

Es gibt fünf wichtige Verantwortungsbereiche. In jedem dieser Bereiche kann es zu Interessenkonflikten kommen. Ihre Hauptaufgabe besteht darin, die Arbeit zu erledigen, mit der Ihre Ziele erreicht werden. Auf dieser Grundlage müssen dann die anderen Prioritäten je nach Situation und Auswirkungen beurteilt werden.

Abb. 2.3 **Verantwortungsbereiche des Gruppenleiters**

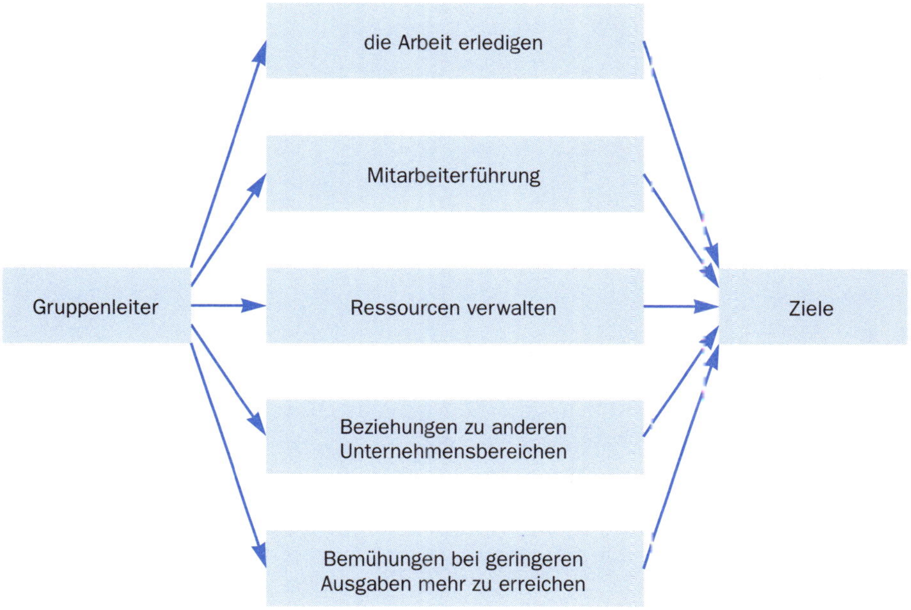

DAS UNTERNEHMEN

Vielleicht ist das Team, für das Sie jetzt verantwortlich sind, ein wichtiger Bereich eines kleinen Unternehmens und Sie sind dem einzigen Manager direkt unterstellt. Auf den ersten Blick mögen die grundsätzlichen Überlegungen, wie ein Unternehmen arbeitet, auf Sie nicht zutreffen. Aber das stimmt nicht. Wenn Sie weiterlesen, werden Sie feststellen, dass die folgenden Ausführungen sowohl für kleine Firmen und Betriebe als auch für große Unternehmen mit mehreren Teams gelten.

Es gibt verschiedene Ebenen vom Arbeiter bis zum Management (die Hierarchie), aber ein Unternehmen ist mehr als ein Konstrukt zugewiesener Aufgaben. Es ist ein Geflecht von Beziehungen zwischen Menschen, die im Interesse eines gemeinsamen Ziels zusammenarbeiten. So gesehen ist ein Unternehmen nicht statisch, sondern dynamisch. Die Leistung eines Unternehmens basiert auf den Anstrengungen jedes einzelnen Mitarbeiters.

Ein Organigramm eines Unternehmens verrät eine Menge über

- Aufgaben und Positionen,
- Verantwortungsbereiche,
- Kontrollspannen (wie viele Mitarbeiter einem Gruppenleiter oder einem Manager direkt unterstellt sind),
- den offiziellen Kommunikationsweg.

Es verrät jedoch nichts darüber,

- ob das Unternehmen kompetent ist,
- was wirklich geschieht,
- wer Macht und Einfluss hat (den informellen Bereich).

Genau wie man Menschen äußerlich manche Bereiche der Persönlichkeit oder des Verhaltens nicht unbedingt ansehen kann, gibt es solche Bereiche auch in Unternehmen.

Abb. 2.4 **Der betriebliche Eisberg**

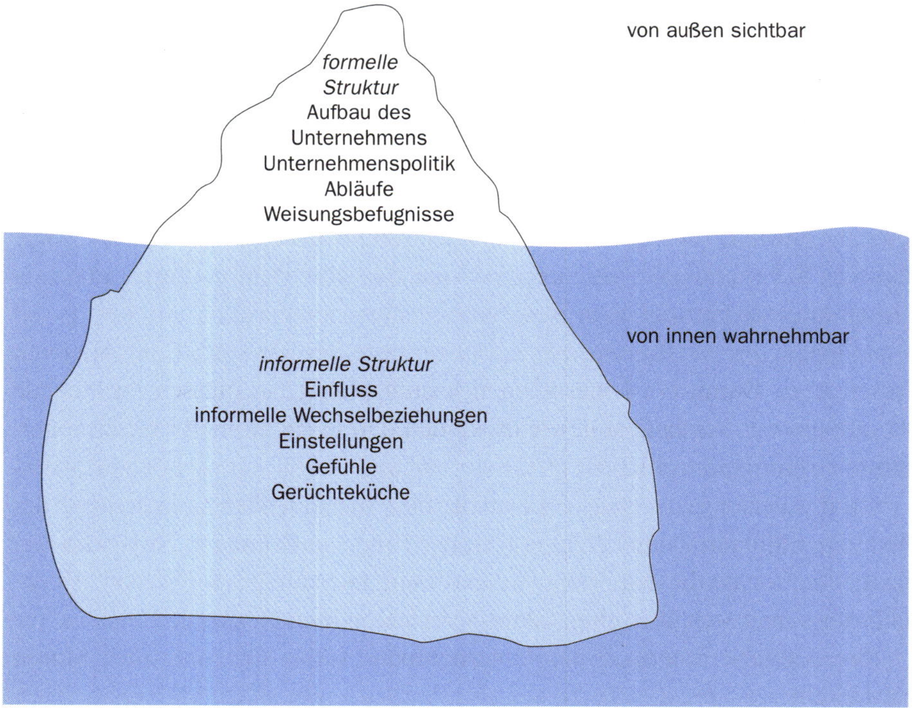

Neben dem offiziellen Aufbau eines Unternehmens, der die Weisungsbefugnisse erkennen lässt, gibt es auch immer einen informellen Unternehmensbereich. Hier zeigen sich andere Einflussbereiche. Beispielsweise gehen Macht und Einfluss einiger Mitarbeiter auf die Persönlichkeit oder ihr Fachwissen zurück und basieren nicht auf Positionen im Unternehmen. Häufig reagiert eine Gruppe eher auf diesen Bereich als auf die formelle Autorität. Die informellen Strukturen können sich situationsabhängig ändern und in der Regel wird die Kommunikation über die Gerüchteküche aufrechterhalten.

Die *Unternehmenskultur* ist ein wichtiger Faktor des informellen Aufbaus. Sie ist das nach außen sichtbare Ergebnis von Handlungen und Verhalten innerhalb eines Unternehmens oder einer Gruppe. Durch häufige Wiederholungen gefestigte Gewohnheiten entwickeln sich oft zu ungeschriebenen Gesetzen bzw. Werten, an die sich die Menschen in diesem Umfeld halten. Häufig reflektieren sie den Führungsstil: mitarbeiter- oder zielorientiert, konservativ oder innovativ, lehrbuchmäßig oder der jeweiligen Situation angepasst, autokratisch oder demokratisch, schnell agierend oder eher bedacht, zentral oder dezentral. Außerhalb ihrer Arbeitsgruppen sind die Mitarbeiter nur über die gemeinsamen Ziele und die gemeinsam getragenen Werte der Unternehmenskultur verbunden.

Mit zunehmender Erfahrung kann man die Kultur innerhalb der eigenen Gruppe zwar verändern, es ist aber wichtig die Unternehmenskultur gut zu kennen, denn die eigene Leistung hängt davon ab, wie gut man innerhalb dieser Unternehmenskultur agiert.

Wenn Sie Empfehlungen aussprechen oder Veränderungen einführen möchten, müssen Sie sich sowohl der formellen als auch der informellen Struktur bewusst sein. Sie müssen wissen, wer Macht hat, auf wessen Unterstützung Sie angewiesen sind und wer Ihre Bemühungen vereiteln kann. Das Verständnis der betrieblichen Strukturen ist entscheidend.

Aufgabe der Verwaltung ist es, sicherzustellen, dass das Unternehmen funktioniert. Damit ein Unternehmen leistungsfähig ist, müssen bestehende Richtlinien mit Verstand angewandt werden. Diese Richtlinien müssen regelmäßig auf ihre Gültigkeit überprüft werden und darauf, ob sie noch erforderlich sind. Allerdings darf man dabei nicht die entscheidenden Erfordernisse der jeweiligen Situation außer Acht lassen. Die Frage muss lauten: „Was erfordert diese Situation zu diesem Zeitpunkt an diesem Ort von dieser Person?“ Eventuell muss man sich über eingefahrene Verfahren hinwegsetzen.

Ihre Aufgabe innerhalb des Unternehmens sollte sich über drei Stufen entwickeln:

1. Die Grundregeln lernen, d. h. Aneignung der Kenntnisse und der erforderlichen Fähigkeiten für Mitarbeiterführung und Management sowie für den Umgang mit der Vielzahl verschiedener Anforderungen des Aufgabenbereichs.
2. Führung der Gruppe, damit die Ziele erreicht werden, die Mitarbeiter neue Fertigkeiten entwickeln, das Budget nicht überschritten wird, Kosten reduziert und die Anforderungen an die Gruppe erfüllt werden.
3. Den Kontakt zu anderen Gruppen und zu den Kunden halten. Viele Aufgaben sind nicht auf einzelne Teams begrenzt; sie gehen über Gruppengrenzen hinweg und Gruppenleiter müssen regelmäßigen Kontakt zu denjenigen halten, die Aufträge hereinholen, aber auch zu den Abnehmern des Produkts bzw. der Dienstleistung (den Kunden).

CHECKPOINT 1

Welche anderen Gruppen haben Einfluss auf Ihren Erfolg? Wie gut ist die Beziehung zu ihnen?

Früher arbeiteten die meisten Unternehmen linear, ein Arbeitsschritt folgte auf den anderen – ähnlich wie beim Staffellauf. Heute setzt man bei der Teamarbeit an, Aufgaben werden koordiniert, damit alle Gruppen über augenblickliche und zukünftige Aufgaben informiert sind und eine gute Kommunikation sichergestellt ist.

ARBEITSPLATZBESCHREIBUNG UND VERANTWORTLICHKEIT

Jeder Mitarbeiter in einem Unternehmen

- sollte eine oder mehrere Aufgaben haben, für die er persönlich verantwortlich ist,
- hat das Recht die Grenzen des eigenen Aufgabenbereiches zu kennen (Da man jedoch nicht alle Eventualitäten berücksichtigen kann und da es immer neue Aufgaben geben wird, sollte bei der Einteilung der Arbeit darauf

hingewiesen werden, dass der betreffende Mitarbeiter für alle zusätzlichen Aufgaben verantwortlich ist, die in dieser Position von Zeit zu Zeit anfallen. Anderenfalls kann es zu Streitigkeiten über Abgrenzungen kommen.),

- hat das Recht den Standard zu kennen, nach dem die Leistung bewertet wird (Die Frage „verglichen mit was?" muss eindeutig beantwortet werden, denn sonst kann die Angelegenheit schnell zu einer persönlichen Konfrontation führen statt eine objektive Analyse der Arbeit zu sein.).

Bei zwei Punkten benötigt jeder von uns fortwährende Bestätigung: „Was erwartet man von mir?" „Was hält man von meiner Arbeit?" Die Arbeitsplatzbeschreibung liefert dafür die Grundlage.

Entscheidend sind eindeutige Definitionen in Situationen, in denen die schlechte Leistung eines Mitarbeiters zu Disziplinarmaßnahmen führen könnte. Sollen wirkungsvolle Schritte eingeleitet werden, müssen objektive Kriterien vorhanden sein. Sie lassen sich nur auf der Grundlage eines festgelegten und allgemein akzeptierten Standards gewinnen. Kennt ein Mitarbeiter diesen Standard, verfügt er über eine Möglichkeit zur Selbsteinschätzung. Dadurch wird zugleich die Notwendigkeit einer engen Aufsicht reduziert.

Auch für Ihren eigenen Arbeitsbereich sollte es eine Arbeitsplatzbeschreibung geben, die diese Kriterien erfüllt. Dazu ein Beispiel:

Stellenbezeichnung: ______________________________

Hauptaufgabe: ______________________________

Wem gegenüber bin ich verantwortlich? ______________________________

Wer ist mir gegenüber verantwortlich? ______________________________

Wem gegenüber trage ich zusätzliche Verantwortung? ______________________________

Meine Hauptaufgaben:	Meine Befugnisse:	Ich leiste gute Arbeit, wenn

Welche zusätzlichen Berichte und Aufgaben sind erforderlich? ______________________________

____

Wie oft? ______________________________

In diesem Zusammenhang sollte zwischen Ihnen und Ihrem Vorgesetzten der Leistungsstandard diskutiert – nicht aufoktroyiert – und festgelegt werden. Er beschreibt Ihre Verantwortlichkeiten.

Eine Bewertung der festgelegten Arbeitsergebnisse stellt also eine ständige Leistungsbeurteilung dar.

Da sich die Arbeitsbedingungen ständig verändern, sollten Sie mit Ihrem Vorgesetzten die Arbeitsplatzbeschreibung alle drei Monate überprüfen. So wird sichergestellt, dass sie immer noch aktuell ist. Dadurch wissen Sie ziemlich genau, was zu Ihrem Aufgabengebiet gehört und wie gut Sie Ihre Arbeit machen. Entsprechend sollten Sie mit Ihren Mitarbeitern und deren Arbeitsplatzbeschreibungen verfahren.

Stellen Sie sicher, dass auch der Kontakt zu anderen Personen und anderen Gruppen klar geregelt ist. Manchmal ist dieser Bereich wichtiger als andere Aufgaben. Er erfordert sowohl Kommunikationsfähigkeiten als auch Verhandlungsgeschick. Diese Fähigkeiten werden auch unter dem Begriff „interaktive Fähigkeiten" zusammengefasst.

Arbeitsplatzbeschreibungen müssen hilfreich und flexibel sein; sie sollen Dinge erleichtern, nicht erschweren. Falls eine Gruppe von Mitarbeitern für eine Aufgabe verantwortlich ist, sollte eine Arbeitsplatzbeschreibung für die gesamte Gruppe erstellt werden. Diese Tätigkeitsbeschreibung kann man dann nutzen um beispielsweise einmal im Monat die Leistung der gesamten Gruppe zu diskutieren.

SCHLÜSSELFAKTOREN FÜR ERFOLG

Zwar hat man in der Regel wenig Einfluss darauf, was geschieht, man kann aber bestimmen, wie man darauf reagiert. Folgende Eigenschaften bestimmen Ihren Erfolg:

- Weitblick, Klarheit über den Kurs und die Ziele,
- analytisches Denken,
- kreatives Denken,
- Realitätssinn,
- die Fähigkeit einige Schritte zurückzutreten und eine Aufgabe objektiv mit ein wenig Abstand zu betrachten,

- gute Mitarbeiterführung,
- gute interaktive Beziehungen,
- Konzentration auf Ziele und die Fähigkeit sie zu erreichen,
- Verständnis dafür, wie das Unternehmen arbeitet,
- die Fähigkeit Probleme zu analysieren und zu lösen,
- gutes Zeitmanagement,
- die Fähigkeit Ressourcen effektiv zu nutzen.

Hinzu kommen die jeweiligen Fachkenntnisse und die an einem bestimmten Arbeitsplatz erforderlichen Fähigkeiten.

Für die meisten Gruppenleiter stellen die täglich zu lösenden Probleme einen permanenten Druck dar, der manchmal so stark wird, dass alles andere ins Hintertreffen gerät. Bei diesen „Feuerwehreinsätzen" kann man nur reagieren; das Problem ist da und man muss es – möglichst schnell – lösen. Selten findet man Zeit das Problem bei der Wurzel zu packen, genauer zu beleuchten und die Ursachen herauszufinden um präventive Maßnahmen einzuleiten. Genau das wäre aber wünschenswert.

Durch die in vielen Unternehmen vorherrschende Dringlichkeit ein Problem schnell zu beheben tendiert man dazu, die langfristigen Anforderungen zu vernachlässigen.

Ihr Ruf basiert darauf, wie gut Sie Ihre Arbeit erledigen. Sie müssen die Schlüsselfaktoren für Ihren Erfolg kennen, sie regelmäßig überprüfen und sicherstellen, dass Sie nichts übersehen.

DER URSPRUNG VON MACHT

Macht ist die Fähigkeit andere zu beeinflussen und zu kontrollieren. Führung ist die Ausübung von Macht. Macht an sich ist nicht negativ.

Macht kann aufgrund der Stellung im Unternehmen oder aufgrund des Status übertragen werden, aufgrund von Fachkenntnissen oder einer starken Persönlichkeit angenommen oder durch Gruppenverhalten gezeigt werden.

Gruppenleiter sowie Manager sind vom Verhalten vieler Personen abhängig. Das Management hat die Macht die Mitarbeiter anzuweisen bestimmte Aufgaben entsprechend dem geforderten Standard zu erledigen, aber die Mitarbeiter – einzeln oder als Team – können entscheiden, wie viel

Sorgfalt und Engagement sie aufwenden und wie viel Bedeutung sie Qualität, Kosten und Innovationen beimessen. Wenn die Mitarbeiter es wollen, können sie sehr große Macht ausüben.

CHECKPOINT 2

Von wem sind Sie an Ihrem Arbeitsplatz abhängig? In welchen Angelegenheiten? Stellt dies ein Problem dar? Warum?

Als Gruppenleiter haben Sie aufgrund Ihrer Position Macht, aber diese Autorität muss durch Ihr sonstiges Verhalten unterstützt werden, denn für sich allein genommen genügt Ihr Vorgesetztenstatus nicht. Sie benötigen

- fachliche Autorität, nicht nur im Zusammenhang mit Ihrer persönlichen Kompetenz, sondern auch durch den Aufbau eines Informationspools mit wichtigen Informationen für die Arbeit der Gruppe und das Unternehmen,
- persönliche Autorität aufgrund Ihrer sozialen Kompetenz
  - mit Managern, anderen Gruppenleitern und den Kunden (Hilfsbereitschaft und Kooperation sind positiv für Ihren Ruf),
  - mit Ihrem Team in Bezug auf Fairness und Vertrauen und als jemand, der gut reden und gut zuhören kann,
- Autorität aufgrund der erbrachten Leistung, die Qualität, Kosteneffektivität und das Erreichen der Ziele sicherstellt,
- die Fähigkeit die positiven Aspekte der Unternehmenskultur zu nutzen und Ihren Vorgesetzten „in ein gutes Licht zu rücken".

Wie viel Macht Sie besitzen und wie Sie sie einsetzen, hängt von Ihnen ab. Wenn Sie so weit sind, dass Sie Ihren Arbeitsplatz gut ausfüllen, sollten Sie sich an die schwierigen Aufgaben heranwagen – denn hier erwirbt man sich seinen Ruf. Ein großer Teil dieses Buches beschäftigt sich mit dem traditionellen Aufgabenbereich eines Gruppenleiters, aber die Anforderungen werden immer vielfältiger und neue Erfordernisse mit eigenen Prioritäten kommen hinzu.

Die folgende Abbildung nennt einige davon. Betrachten Sie sie vor dem Hintergrund Ihres eigenen Unternehmens. Sie müssen damit rechnen, dem beschriebenen Druck ausgesetzt zu sein, und müssen in der Lage sein optimale Prioritäten zu setzen. Außerdem ist ein gutes Zeitmanagement erforderlich, damit Sie Ihre Vorhaben auch umsetzen können.

Abb. 2.5 **Anforderungen an einen Gruppenleiter**

KAPITEL 3

Zeitmanagement

INHALT

Analyse von Zeitproblemen

Prioritäten

Verhalten in bestimmten Situationen

Als Sie die im vorhergehenden Kapitel genannten Anforderungen gelesen haben, die heutzutage an einen Gruppenleiter gestellt werden, haben Sie sich wahrscheinlich gefragt, wie um alles in der Welt Sie all diese Dinge in einer normalen Arbeitswoche erledigen sollen. Und doch muss alles irgendwie untergebracht werden. Sie haben drei Möglichkeiten:

- härter zu arbeiten,
- länger zu arbeiten,
- klüger zu arbeiten.

Die Wahl fällt logischerweise auf die letzte Möglichkeit. Das heißt, Sie müssen *Zeitmanagement* nutzen.

Es zählt nicht, wie viele Stunden Sie arbeiten, sondern was Sie in diesen Stunden erreichen. Und wenn Sie der Auffassung sind, die Zeit fliege, bedenken Sie, dass Sie der Pilot sind.

Den Großteil Ihrer Zeit sollten Sie für die vielen Aufgaben im Bereich Mitarbeiterführung reservieren. Außerdem werden Sie Routinearbeiten aus Ihrem eigenen Bereich zu erledigen haben, einschließlich Schreibarbeiten. Versuchen Sie dies auf zwei Stunden pro Tag zu begrenzen. Sonderaufgaben kann man in der Regel nicht einplanen. Sie erfordern eventuell besondere Anstrengungen in punkto Organisation und Delegation, damit sie untergebracht werden können. Versuchen Sie, jeden Tag Zeit für kreative Arbeit zu finden, für Planung, für Überlegungen zur Verbesserung von Methoden und Verfahren oder um Mitarbeiter besonders zu schulen bzw. zu fördern.

Analyse von Zeitproblemen

Wenn Sie Ihre Zeit besser einsetzen möchten, müssen Sie zuerst wissen, wo augenblicklich die Probleme liegen. Wie viel Zeit haben Sie beispielsweise während einer typischen Arbeitswoche für

- sich selbst,
- Ihren Vorgesetzten,
- Kollegen,
- Ihre Mitarbeiter,
- Besucher?

Erscheint Ihnen dies vernünftig? Wie viel Zeit verbringen Sie mit Arbeiten, die Ihrer Position, Ihren Fähigkeiten und Ihrem Wissen angemessen sind? Wofür wird die restliche Zeit aufgewendet? Von wem werden Sie am häufigsten unterbrochen? Was können Sie dagegen tun?

Die folgende Tabelle hilft Ihnen vielleicht dabei, sich über weitere Probleme klar zu werden:

	ein großes Problem	häufig ein Problem	kein Problem
ungenaue Ziele			
wechselnde Prioritäten			
unzureichende Planung			
vorgegebene Termine			
Krisen und „Feuerwehreinsätze“			

	ein großes Problem	häufig ein Problem	kein Problem
unklare Verantwortung und Befugnisse			
schlechte Selbstorganisation, übervoller Schreibtisch			
unbeendete Aufgaben			
Aufgaben doppelt erledigen			
Mangel an Entscheidungen			
Besprechungen			
ungenaue Notizen			
mangelnde Kommunikation			
unvollständige Informationen			
Abhängigkeit von der Gerüchteküche			
Aufschieben von Problemen			
schlechte Delegation von Aufgaben			
Veränderungen werden schlecht gehandhabt			
Unfähigkeit Nein zu sagen			
mangelndes Feed-back über Kontrollen			
Störungen durch das Telefon			
unangemeldete Besucher			
ein Übermaß an Berichten, Aktennotizen			
schlecht ausgebildete Mitarbeiter			
Arbeitsengpässe			

Berücksichtigen Sie bei Ihrer Planung „frei verfügbare Zeit“ – Zeit für kreatives Denken, Überprüfung und Weiterentwicklung? Auch dies ist ein wichtiger Aspekt Ihrer Arbeit.

CHECKPOINT 1

Sehen Sie sich jetzt noch einmal die problematischen Bereiche an: Was können Sie ändern? Jetzt? Bei welchen Veränderungen benötigen Sie Hilfe? Was müssen Sie so hinnehmen, wie es ist? Warum? Können Sie sich exakte Ziele vornehmen und den Fortschritt regelmäßig überprüfen?

Zeitmanagement besteht aus drei Komponenten, und zwar aus der Notwendigkeit

- Prioritäten zu setzen,
- einen realistischen Zeitplan zu haben,
- grundlegende Entscheidungen zu treffen und entsprechend zu handeln.

PRIORITÄTEN

Ihre Stärke hängt von Ihrem Umgang mit Prioritäten ab. Setzen Sie Prioritäten, indem Sie jede zu erledigende Aufgabe in eine der folgenden drei Kategorien einteilen:

- Kategorie A: höchste Priorität, erfordert Ihre persönliche Aufmerksamkeit und Ihren Einsatz,
- Kategorie B: wichtig, aber nicht höchste Priorität,
- Kategorie C: kann zurückgestellt werden, bis alle Punkte der Kategorien A und B erledigt sind.

Dann fangen Sie mit der wichtigsten Aufgabe der Kategorie A an und arbeiten sich weiter in dieser Kategorie vor ohne die Aufgaben aus den Kategorien B und C zu berücksichtigen (es sei denn, die Kategorie ändert sich), solange noch Aufgaben aus der Kategorie A offen sind.

Ein Kontrollblatt für jeden Tag kann hier sehr hilfreich sein. Dies kann entweder ein Vordruck oder ein Blatt in einem kleinen Notizbuch sein.

Heutige Aufgaben	*Datum:*		
Aufgabe	Priorität		
	A	B	C

Die meisten Gruppenleiter finden es allerdings schwierig sich ausschließlich auf eine Sache zu konzentrieren, bei dieser wichtigsten Sache zu bleiben und sich nicht durch die Vielzahl anderer Aufgaben, die ebenfalls ihre Aufmerksamkeit verlangen, ablenken zu lassen.

VERHALTEN IN BESTIMMTEN SITUATIONEN

Suchen Sie nach Methoden, die Ihnen helfen Ihre Zeitprobleme zu überwinden, beispielsweise:

- Machen Sie sich klar, dass Sie mit ungefähr 20% Ihrer Bemühungen in der Regel 80% der Ergebnisse erzielen, und bestimmen Sie diese 20%.
- Stellen Sie gemeinsam mit Ihrem Vorgesetzten jeden von Ihnen anzufertigenden Bericht, jede Aktennotiz und überhaupt jedes Schriftstück in Frage um herauszufinden, ob man darauf verzichten bzw. es vereinfachen könnte.
- Versuchen Sie Besprechungen zu umgehen, die keine festgelegte Anfangs- und Endzeit, keine genauen Ziele und keine Tagesordnung haben.
- Steuern Sie Ihre Besucher, indem Sie sagen: „Nett, Sie zu sehen, aber ich bin im Augenblick sehr beschäftigt – reichen zehn Minuten aus?“ Nach zehn Minuten stehen Sie dann auf und bugsieren den Besucher hinaus (wenn dies angebracht ist).

- Erkennen Sie Ihre Prioritäten und schieben Sie diese nicht auf.
- Können Sie Nein sagen?
- Wenn eine Aufgabe mit einer Geschäftsreise verbunden ist, kehren Sie nicht eher ins Büro zurück, bis diese Aufgabe vollständig erledigt und ein Abschlussbericht geschrieben ist.
- Setzen Sie zeitsparende Bürotechnik ein: Diktafon, Telefon, Fax, Computer.
- Bei übergroßen Papierstapeln auf Ihrem Schreibtisch gibt es nur vier Möglichkeiten:
  - Erledigen Sie die betreffenden Angelegenheiten.
  - Leiten Sie sie an einen Mitarbeiter weiter.
  - Legen Sie Papiere ab um später darauf zurückgreifen zu können.
  - Werfen Sie Papiere weg.
- Fragen Sie sich selbst: „Habe ich meine Arbeit im Griff oder hat meine Arbeit mich im Griff? Bin ich wirklich unersetzlich?“
- Welche zusätzlichen Bereiche könnten Sie delegieren? Warum tun Sie es nicht?
- Was passiert, wenn Sie krank sind oder Urlaub haben?

Und im Falle einer Krise – was häufig der Fall ist – geraten Sie nicht in Panik. Halten Sie inne und stellen Sie sich folgende drei Fragen: Was geht hier eigentlich vor? Was ist mein Ziel? Welche Möglichkeiten habe ich? Dann entscheiden Sie, wie Sie handeln!

In *Besprechungen* wird viel Zeit verplempert. Wenn Sie Besprechungen leiten müssen, üben Sie sich in der Diskussionsleitung, damit

- der Ablauf formell, aber freundlich ist,
- alle Anwesenden fair behandelt werden,
- sich die Diskussion auf die Ziele konzentriert,
- die Besprechung zügig, aber nicht hektisch abläuft,
- die Besprechung pünktlich endet und Vereinbarungen festgelegt sind, die von allen getragen werden.

Wenn Sie an einer Besprechung teilnehmen ohne den Vorsitz zu haben, und der Fortgang schleppend ist, bitten Sie um eine Zusammenfassung des bisherigen Fortschritts oder schlagen Sie eine andere Vorgehensweise vor. Sollen Sie nur zu einem Tagesordnungspunkt Stellung nehmen, versuchen Sie nur zu diesem Punkt an der Sitzung teilzunehmen.

Im Sitzungsprotokoll sollte für jeden Punkt eine Person benannt werden, die für die weiteren Abläufe verantwortlich ist.

In jedem Sitzungszimmer sollte an der Wand folgendes Plakat gut sichtbar angebracht sein:

Bei jeder Besprechung müssen folgende Punkte klar sein:

Wurde diese Besprechung einberufen

- um Informationen weiterzugeben?
- um Probleme zu lösen?
- um Entscheidungen zu treffen?
- aus einem anderen Grund?

Was wollen wir am Schluss der Besprechung erreicht haben?

Ein effektiver Gruppenleiter muss sich ernsthaft um den optimalen Einsatz seiner Zeit bemühen, denn die Qualität seines gesamten Arbeitslebens hängt davon ab. Fähigkeiten in diesem Bereich spiegeln sich in vielen anderen Bereichen wider. Wer kein gutes Zeitmanagement hat, ist auch in anderen Bereichen häufig kein guter Manager.

Bei manchen Aufgaben können Sie aktiv handeln um bestimmte Ziele zu erreichen, bei anderen Aufgaben, die die Anforderungen und Krisen des Tagesgeschäfts betreffen, können Sie nur reagieren. Halten sich diese beiden Arten von Aufgaben das Gleichgewicht? Nehmen Sie sich Zeit um Ihre Prioritäten zu überdenken?

Schließlich dürfen Sie nicht vergessen, dass Sie noch andere wichtige Aufgaben und einen Anspruch auf ein Leben abseits des Arbeitsplatzes haben:

- in der Familie,
- für gesellschaftliche Interessen oder kommunale Aktivitäten,
- für die eigene Weiterentwicklung.

Stellen Sie sich vor, Sie würden aufgrund der starken Arbeitsbelastung zusammenbrechen – wer würde sich dann ernsthaft um Sie sorgen?

Es geht um Ihre Zeit und um Ihr Leben!

Teil 2

Ihre Schlüssel-qualifikationen

KAPITEL 4

Zielsetzung und Arbeitsplanung

INHALT

- Eine Vision
- Die Aufgabe
- Organisationsplan
- Strategische Planung
- Zielsetzung
- Planung
- Organisation
- Finanzwesen
- Marketing

EINE VISION

Bevor man tatkräftig loslegen kann oder ein Unternehmen gegründet wird, muss irgendjemand eine Vorstellung davon haben, „was sein könnte" – das Ideal, nach dem man strebt. Diese Vorstellung muss zu einer Vision werden, für die sich andere Menschen begeistern können. Dadurch zeichnet sich eine Führungspersönlichkeit aus – andere für eine Idee zu gewinnen, sodass sie sie übernehmen und sich für die Realisierung engagieren.

Haben Sie eine Vision, was Ihre Gruppe erreichen kann oder wie sie dastehen könnte? Dies wird Sie bei Ihren Führungsaufgaben motivieren.

DIE AUFGABE

Jedes Unternehmen hat zwangsläufig eine Unternehmenspolitik. Dies ist eine Aussage über die Absicht oder den Zweck des Unternehmens, aus der eindeutig hervorgeht, weshalb das Unternehmen tätig ist. Die Unternehmenspolitik einer Fluggesellschaft könnte beispielsweise lauten: „Gewinn bringende, pünktliche und sichere Beförderung von Passagieren und Fracht in der Luft". Alle Tätigkeiten sind auf dieses Ziel ausgerichtet und sämtliche Mitarbeiter sollten diese Politik kennen und verstehen.

Eine klare Aussage über die Aufgabe des Unternehmens ist erforderlich

- um eine dauerhafte, umfassende und eindeutige Absicht festzulegen, auf die sich das gesamte Unternehmen beziehen kann,
- um einen Bezugspunkt für strategische Entscheidungen zu haben,
- um kontinuierliches Engagement der Arbeitnehmer zu gewährleisten,
- um Verständnis und Unterstützung von Personen außerhalb des Unternehmens zu erhalten.

CHECKPOINT 1

Wie lautet die Aufgabe Ihres Unternehmens? Ist sie allen Mitarbeitern Ihrer Gruppe bekannt? Sollten sie sie kennen? Warum?

Es ist allerdings wahrscheinlich, dass sich die Aussage über die Aufgabe auf das Gesamtunternehmen bezieht und eine direkte Bedeutung für die Aufgaben Ihrer Gruppe nicht ohne weiteres ersichtlich ist. Daher ist es durchaus möglich, dass die Aussage von den Mitarbeitern nicht gerade euphorisch aufgenommen wird.

CHECKPOINT 2

Durch welchen Beitrag zu den Unternehmenstätigkeiten zeichnet sich Ihre Gruppe aus? Diskutieren Sie dies mit Ihrer Gruppe und formulieren Sie eine Zielvorstellung, auf die alle stolz sein können.

ORGANISATIONSPLAN

Politik
allgemeine Absichtserklärung (Aussage über die Aufgabe)

↓

strategische Planung
Bestimmen der genauen Ziele

↓

Ziele
(spezifisch, messbar, angemessen, realistisch, terminlich bestimmt)
werden in Absprache mit den Mitarbeitern festgelegt, die sie erreichen sollen

↓

Umsetzungsplan
und Zuweisung von Ressourcen

↓

Festlegen von Verantwortung und Befugnissen
Arbeitsplatzbeschreibungen (einschließlich Leistungsstandards)

↓

Kontrollmechanismen
und Leistungsmessungen

↓ ↓

persönliche Leistungsbeurteilung | *Leistungsbeurteilung der Gruppe*

↓ ↓

Maßnahmen zur Leistungssteigerung und zur Förderung der Mitarbeiter
(z.B. Reorganisation, Weiterbildungsmaßnahmen)

↓

kontinuierliche Überprüfung
der Politik, der strategischen Planung, der Ziele, der Leistung

STRATEGISCHE PLANUNG

Die strategische Planung fällt in den Aufgabenbereich der Geschäftsleitung, die entscheiden muss, was zum Erreichen des Unternehmensziels erforderlich ist. Typische Fragen, die sich ein Unternehmen stellen muss, lauten:

- Wer sind unsere Konkurrenten und wo liegen unsere und ihre Stärken und Schwächen?
- Welche Trends bestehen gegenwärtig in unserem Markt? Welche Veränderungen erwarten wir? Was betrachten wir als neue Möglichkeiten?
- Welche Einflüsse (gesellschaftliche, wirtschaftliche, politische, technische oder wettbewerbsbedingte) werden sich vermutlich während der nächsten drei Jahre auf unsere Tätigkeit auswirken?
- Wenn sich die augenblicklichen Trends fortsetzen, wie wird dieses Unternehmen in drei Jahren dastehen?
- Wie gesund ist unsere finanzielle Basis?
- Haben wir die richtigen Leute am richtigen Platz? Sind sie kompetent?
- Wie erkennen wir Veränderungen in unserem Umfeld? Haben wir eine angemessene Informationstechnologie?

Aus diesen Überlegungen ergeben sich klare Ziele und Prioritäten für das weitere Vorgehen. Als Gruppenleiter sind Sie an diesen Diskussionen wahrscheinlich nicht beteiligt. Ihre Aufgaben und Kontakte liegen vermutlich in ganz anderen Bereichen und häufig haben Sie auch andere Informationsquellen. Daher ist es durchaus möglich, dass Sie über bestimmte Trends oder Zahlen informiert sind, die für diese Planung ausgesprochen nützlich sein könnten und die Sie über Ihren Vorgesetzten weiterleiten sollten.

Die wesentlichen Punkte bei der Unternehmens- und Mitarbeiterführung sind

- genaue Ziele,
- genaue Pläne,
- genaues Vorgehen,
- genaue Kontrollen.

Andere Faktoren sind auch wichtig. Aber die hier genannten sind entscheidend.

ZIELSETZUNG

Im Anschluss an die strategische Planung müssen die konkreten Ziele festgelegt werden. Ein Ziel ist die bewusste Verpflichtung ein bestimmtes Ergebnis erreichen zu wollen. Das Ziel wird deshalb mit dem erwarteten Ergebnis identifiziert. Ziele sollten

- spezifisch,
- messbar,
- angemessen,
- realistisch und
- terminlich bestimmt sein.

Ohne solche Vorgaben wären Ziele ungenaue Hoffnungen und die spätere Kontrolle, ob sie erreicht wurden, wäre gleichermaßen vage. Hinzu kommt, dass sich viele Menschen ohne ein solches Ziel ausgesprochen fleißig, fast schon übereifrig, mit peripheren Aufgaben beschäftigen können, die nur einen geringen Bezug zu den gewünschten Endresultaten haben.

Ein einfaches, objektives Ziel könnte lauten: „Ich will bis … erreichen, dass … ". Ziele sind nicht isoliert zu sehen; sie haben einen zeitlichen Aspekt. Wenn die Ziele in konkrete Pläne umgesetzt und bis zu den Ergebnissen verfolgt werden sollen, müssen sie so formuliert sein, dass *alle Beteiligten im gesamten Unternehmen von dem Zweck und der Zielsetzung überzeugt sind.*

Solange nicht alle Mitglieder Ihrer Gruppe umfassend über die Ziele informiert sind und wissen, welche Fortschritte erzielt worden sind, werden sie sich keine besonderen Gedanken darüber machen und ihre Arbeit einfach als Job ansehen.

Feed-back über die Ergebnisse ist äußerst motivierend.

Wie formuliert man Ziele, damit die Arbeitsgruppe sie annimmt und sich für das Erreichen engagiert? Zunächst kommt es darauf an, möglichst präzise zu sein. Sodann besteht eine Ihrer Aufgaben darin, ein überdurchschnittlich gutes Team zusammenzustellen, das überdurchschnittlich gute Arbeit leisten möchte. Dies ist ein Maßstab für Ihre Leistung als Gruppenleiter.

Formulieren eines Ziels

Gruppe: ______________________________

Ich stimme zu, dass wir erfolgreich sind, wenn wir:
(Nennen Sie das Ziel und quantifizieren Sie es nach Möglichkeit.)

Unter folgenden Bedingungen:
(Nennen Sie die Bedingungen, Einschränkungen und Voraussetzungen.)

Ein akzeptables Ergebnis zeichnet sich durch folgende Merkmale aus:
(Qualitätsstandard und andere Kriterien, anhand derer der Erfolg gemessen wird.)

Die Aufgabe wird fertig gestellt bis zum: ______________________

Überprüfung des Fortschritts am: ______________________

Da sich die Umstände heutzutage allerdings sehr schnell ändern, *muss jedes Ziel und jeder Plan systematisch alle 90 Tage überprüft werden.* Ihr Vorgesetzter und Sie sollten die Ergebnisse dieser Überprüfungen möglichst schriftlich festhalten.

Einige Unternehmen haben inzwischen einen ergebnisorientierten Führungsstil übernommen, wodurch der Zielsetzung eine neue Bedeutung zugekommen ist. Dabei handelt es sich um eine Kombination aus

- Leistungseinstufungen um die Grundvergütung für jede definierte Position festzulegen,
- Erstellen von Arbeitsplatzbeschreibungen,
- Festlegen individueller Verantwortlichkeiten für abgesprochene, genaue Ziele für ein Jahr (diese Ziele werden regelmäßig im Laufe des Jahres überprüft und falls erforderlich überarbeitet),
- Bewertung der tatsächlichen Leistung, die auf diese Ziele ausgerichtet war (diese Bewertung spiegelt sich dann im Gehalt wider).

Am ergebnisorientierten Führungsstil wird allerdings kritisiert, dass schnelle Problemlösungen in den Vordergrund treten und man ihn nur schwer auf langfristige Projekte übertragen kann. Schwierig wird die Anwendung auch durch die Schnelligkeit, mit der sich Situationen ändern.

PLANUNG

Planung bedeutet in die Zukunft zu blicken und sich darauf vorzubereiten. Planen heißt Handlungen gedanklich vorwegzunehmen. Bei der Planung bemüht man sich folgende fünf Fragen zu beantworten:

- Welche Aufgabe haben wir zu erledigen?
- Welche Ergebnisse werden erwartet und bis wann?
- Welche Ressourcen werden benötigt?
- Wer wird die Aufgabe erledigen?
- Wie wird die Aufgabe am besten erledigt?

Eine gute Planung sollte die beteiligten Menschen mit einbeziehen und die Vorstellungen mit der Realität verbinden. Anderenfalls läuft die Planung oft auf reine Statements hinaus ohne die Realisierbarkeit zu berücksichtigen.

Die Arbeitnehmer erwarten nach einem festgelegten Plan zu arbeiten, der im Voraus erstellt wurde und der die Basis für die Überprüfung ihrer Leistung liefert. Sie wissen, dass bei veränderten Bedingungen Anpassungen des Planes erforderlich werden können.

Eine gute Planung erleichtert die nachfolgenden Aufgaben. Planung ist kein einmaliger Prozess. Die Voraussetzungen können sich jederzeit ändern. Daher müssen Pläne überprüft werden, wöchentlich, täglich, ja sogar stündlich.

Wie Sie an Ihrem Arbeitsplatz planen, hängt von Ihren Aufgaben ab. Wählen Sie aus dem Folgenden die Herangehensweise, die am besten für Sie passt.

A

- Definieren Sie Ihre Absicht möglichst genau.
- Legen Sie genaue Ziele fest.
- Übertragen Sie Pflichten, Befugnisse und Verantwortlichkeiten.
- Legen Sie messbare Schritte fest.
- Führen Sie Kontrollverfahren ein.
- Werten Sie die Ergebnisse aus.

B

- Bestimmen Sie das Ziel.
- Legen Sie Leistungsmessungen fest.
- Legen Sie die erforderlichen Ergebnisse fest.
- Bestimmen Sie Indikatoren für Abweichungen.
- Führen Sie passende Kontrollmechanismen ein.

C

- *Ziele*

Wissen Sie, was erledigt werden muss und bis wann? Welcher Leistungs- bzw. Produktionsstandard ist erforderlich? Wo liegen die kritischen Faktoren?

- *Ressourcen*
  a) *Menschen:* Kennen Sie die Fähigkeiten jedes Mitarbeiters in Ihrer Gruppe? Stehen während des Planungszeitraumes alle zur Verfügung?
  b) *Ausrüstung und Material:* Ist alles vorhanden, wenn es benötigt wird? Falls erforderlich, könnten Sie Ersatz oder zusätzliches Material erhalten? Besteht ein Wartungsdienst?
  c) *Befugnisse:* Benötigen Sie besondere Genehmigungen?
  d) Ist die *Zeitplanung* realistisch?
  e) Stehen die *finanziellen Mittel* zur Verfügung und sind sie angewiesen?

◆ *Arbeitsablauf*

Kennen Sie den Auftrag, für den Sie arbeiten? Inwieweit sind Sie auf die Arbeit anderer Abteilungen angewiesen? Kann die Arbeit so geplant werden, dass keine Engpässe oder Krisen entstehen und dass jeder jederzeit mit einer Arbeit ausgelastet ist, die seinen Fähigkeiten entspricht?

◆ *Kontrollen*

Welche Kontrollen sind bei dieser Arbeit erforderlich – Zeit, Kosten, Qualität, Quantität, andere? In welchen Bereichen ist eine genaue Beaufsichtigung erforderlich? Wie werden Kontrollmechanismen eingerichtet und aufrechterhalten?

◆ *Alternativplan*

Bei einigen Aufgaben ist die Planung zeitlich festgelegt; bei anderen ist man flexibler. Falls erforderlich, welche Aufgaben können verschoben werden und für wie lange? Welche Aufgaben haben Priorität? Was würde passieren, wenn Sie abwesend sind? Ist Ihre Vertretung mit den wichtigsten Aufgaben vertraut?

In bestimmten Fällen ist ein schriftlicher Alternativplan sehr hilfreich:

Was könnte schief gehen oder die Planung über den Haufen werfen?	Wie wahrscheinlich ist das?	Präventivmaßnahmen: Was kann ich tun um das zu verhindern?	Alternativen: Wie gehe ich vor, wenn es doch geschieht?

Manchmal sind bereits bei der Planung *Zeitvorgaben* erforderlich. Sie sollten auf der Zeit basieren, die ein durchschnittlicher Arbeitnehmer bei einer durchschnittlichen Arbeitsgeschwindigkeit benötigt um die Arbeit – deren Menge und Qualitätsstandard definiert sind – fertig zu stellen. Bei der Planung müssen auch Arbeitsunterbrechungen, Ermüdungserscheinungen und Pausen berücksichtigt werden. Werden Zeitvorgaben verwendet, müssen sie mit der Arbeitnehmervertretung diskutiert und vereinbart werden. Kommen Arbeitszeitermittlungen zum Einsatz, lässt sich damit auch der Personalbedarf bestimmen.

Bei kleineren oder bei Routineaufgaben kann Ihre Planung relativ einfach aussehen und einem vorgegebenen Muster folgen; bei besonderen Projekten aber oder bei großen Aufgaben sollte ein schriftlicher Plan erstellt werden. Er nennt jeden einzelnen Schritt in der entsprechenden Reihenfolge und enthält folgende Angaben:

a) Was muss erledigt werden und bis wann?	b) Wer soll das übernehmen?	c) Welche Maschinenanlage, Ausrüstung und Rohstoffe werden benötigt?	d) Welche Schritte sind erforderlich um sicherzustellen, dass b) und c) bereitstehen?	e) Priorität

Es ist wichtig die anstehenden Aufgaben entsprechend ihrer Priorität zu nummerieren. Diese Rangfolge muss allerdings regelmäßig überprüft werden, denn Prioritäten können sich ändern. Benötigen Sie dann einen Alternativplan?

Manche Gruppenleiter finden einen Tischkalender bei der Planung sehr hilfreich:

Dienstag	*10. November*
8.00	Anwesenheit prüfen, Aufgaben neu verteilen
8.30	
9.00	Herr Müller: Kostenvoranschlag für Projekt K
9.30	Etatbesprechung Freitag 9.00 Uhr vorbereiten
10.00	
10.30	Herrn Brehm in das neue Computerprogramm einweisen
11.00	
11.30	Treffen, Informationen für den Jahresbericht

Sie müssen wissen, womit andere Kollegen beschäftigt sind und wie deren Arbeit Ihren Plan beeinflussen kann. Diskutieren Sie diese Aspekte mit Ihrem Vorgesetzten und finden Sie heraus, wie sich Ihre Planung in die Tätigkeiten der anderen einpasst, mit denen Sie zusammenarbeiten.

CHECKPOINT 3

Wie wichtig ist der zeitliche Aspekt? Benötigen andere Abteilungen eventuell die Maschinenanlage oder die Ausrüstung zur selben Zeit? Mit welchen Schwierigkeiten muss gerechnet werden? Gibt es besondere Bedingungen, von denen Sie wissen sollten?

Sie sollten auch die Planung von den Gruppenleitern kennen, deren Arbeit mit Ihrer Arbeit verknüpft ist. Informieren Sie sie im Gegenzug über Ihren Arbeitsplan.

Die Mitarbeiter Ihres Teams setzen voraus, dass Sie sämtliche Aufgaben planen, und können mit Recht erwarten, dass die Arbeit gleichmäßig ohne Krisensituationen, Verschwendung, Unfälle oder Konfusion abläuft.

Nehmen Sie sich für die Planung Zeit. Dadurch kann man viel Zeit und Geld sparen. Eine typische Aufgabe kann folgendermaßen aussehen:

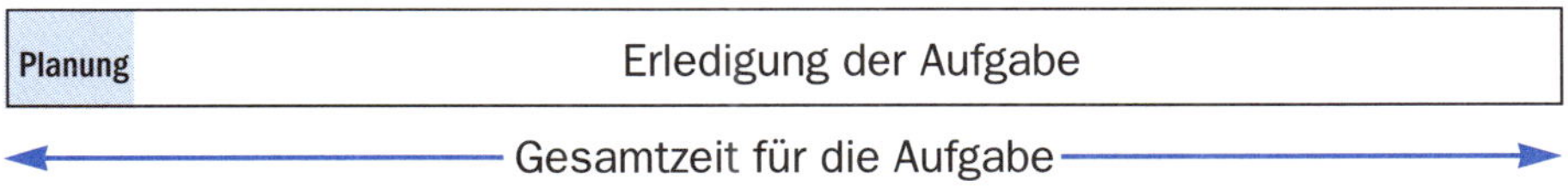

Untersuchungen belegen allerdings, dass sich durch eine dreimal so lange Planungsphase die Gesamtzeit für die Aufgabe um ungefähr ein Drittel reduzieren lässt.

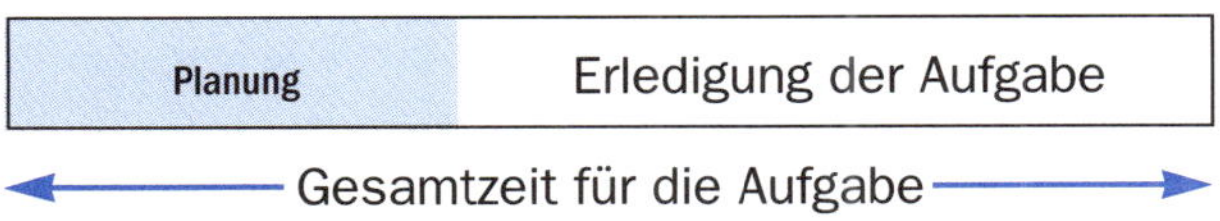

Stürzen Sie sich nicht voreilig in eine Aufgabe, bevor Sie nicht alle Auswirkungen Ihrer Schritte durchdacht haben. *Achten Sie darauf, dass Sie unter dem Druck der aktuellen Probleme nicht den Blick für die wahren Ziele verlieren.* Wenn man von Alligatoren umringt ist, vergisst man schnell, dass das eigentliche Ziel die Trockenlegung des Sumpfes war.

Es ist zwar ein Glücksfall, wenn Planung und Möglichkeiten im Einklang stehen. Aber jeder ist seines Glückes Schmied.

Pläne funktionieren nicht, wenn

- das Problem oder das Ziel nur unzureichend verstanden werden,
- die Zeit für die Planung ungenügend ist und dies zu überstürzten Schritten führt,
- die Alternativen nicht angemessen berücksichtigt werden,
- beteiligte Personen nur ungenügend informiert worden sind,
- Missverständnisse, falsche Einschätzungen oder schlechte Zeiteinteilung vorliegen,
- das Kontrollsystem nicht funktioniert.

Bei einem Großteil der von Ihnen erstellten Pläne muss wahrscheinlich *die Erhöhung der Produktivität* ein Ziel sein. Dies bezieht sich nicht nur auf die Produktion selbst, sondern auch auf ein ausgewogenes Verhältnis zwischen den aufgewendeten Ressourcen, d. h. Menschen, Ausrüstung usw., und dem erzielten Ergebnis. Die Erhöhung der Produktivität kann sich beziehen auf

- das Ergebnis pro Arbeitsstunde,
- das Ergebnis einer Maschine oder je Materialeinheit,
- das Ergebnis im Verhältnis zum eingesetzten Kapital,
- andere Kriterien.

Die Erhöhung der Produktivität ist in der Regierung oder in Kommunen genauso wichtig wie in der freien Wirtschaft. Leistungsstarke Unternehmen versuchen die Vorteile guter Planung optimal zu nutzen und überprüfen sie regelmäßig.

ORGANISATION

Die Organisation ist die Phase, in der die Pläne in konkrete Handlungen umgesetzt werden. Das bedeutet, dass

- es für jede zu erledigende Aufgabe eine klar definierte Autorität geben muss; wenn zwei Personen für denselben Bereich Anweisungen geben, sind Verwirrungen und Konflikte vorprogrammiert,
- ein Gruppenleiter nur für so viele Mitarbeiter die Verantwortung tragen sollte, wie er effektiv kontrollieren kann (Kontrollspanne),
- ähnliche Aufgaben zu Einmanneinheiten zusammengefasst werden,
- Verantwortung möglichst bis auf die unterste Ebene weitergegeben wird,
- Gruppenleiter nicht übergangen werden, wenn Anweisungen oder Informationen an Mitarbeiter weitergegeben werden,
- Kritik an einem Mitarbeiter unter vier Augen geäußert wird,
- einer Person, deren Arbeit regelmäßig überprüft wird, die erforderliche Unterstützung und die notwendigen Einrichtungen zur Verfügung gestellt werden, damit sie die Qualität der Leistung auch selbst überprüfen kann.

Das sind grundlegende Regeln für gute Teamarbeit. Aber die Organisation erfordert auch die Verwendung anderer Ressourcen. Das bedeutet, dass

- finanzielle Mittel zur Verfügung stehen müssen und der Cashflow sichergestellt wird,
- angemessene Kontrollen vorhanden sind,
- ständiges Feed-back gewährleistet ist,
- Arbeit gleichmäßig zugeteilt wird,
- die Mitarbeiter gut ausgebildet sind und gefördert werden,
- die Kommunikation gut ist,
- Material, Werkzeug und Ausrüstung dann zur Verfügung stehen, wenn sie gebraucht werden,

- es keine Gefahrenquellen gibt,
- der Arbeitsablauf nicht beeinträchtigt wird,
- Ausschuss möglichst gering gehalten wird,
- Zeit sinnvoll eingesetzt wird.

Allgemein gesagt: Alle Ressourcen müssen so eingesetzt werden, dass die Arbeitsziele erreicht werden und die Arbeitsmoral gut ist.

Finanzwesen

Ein Team zu leiten kostet Geld – Löhne und Gehälter, Material und Ausrüstung, Betriebskosten, einen Anteil an den Fixkosten usw. Das Team ist eine Kostenstelle. Vielleicht arbeitet es Gewinn bringend, vielleicht auch nicht. Fragen Sie Ihren Vorgesetzten, was finanziell von Ihrem Team erwartet wird.

Budgetzahlen setzen die Grenzen. Oberstes Ziel ist häufig, mit geringeren Mitteln mehr zu erreichen. Dies ist nur bei ständigen Bemühungen der gesamten Gruppe möglich. Daher sollten finanzielle Ziele und ihr Erreichen bei Teamsitzungen regelmäßig diskutiert werden, wobei allen immer die Kosten-Nutzen-Analyse bewusst sein sollte.

Wenn Sie in einem privaten Wirtschaftsunternehmen arbeiten, müssen Sie die obersten Prioritäten kennen. Wichtigste Aufgabe ist ein ausreichender Cashflow, um den Fortbestand des Unternehmens zu gewährleisten. Erst danach folgen die anderen Bereiche, wie Verkäufe und Gewinne. Ein Großteil der Konkurse ist darauf zurückzuführen, dass diese Tatsache übersehen wurde. Vielleicht kann Ihr Buchhalter auch als Ihr Finanzberater fungieren und damit mehr Aufgaben übernehmen als nur die Bücher zu führen. Aber auch Sie sollten die allgemeinen Grundlagen der Buchhaltung verstehen.

Budget

Es wird von Ihnen erwartet, dass Sie sich im Rahmen eines genehmigten Budgets bewegen. Ein Budget ist die geplante Zuweisung der verfügbaren Ressourcen, untergliedert in Posten für jeden Bereich. Es zeigt den zur Verfügung stehenden Betrag für einen bestimmten Zeitraum oder ein Jahr. In der

Regel wird ein Budget in Geldbeträgen aufgestellt; es kann aber auch Material oder Menschen berücksichtigen. Das Budget setzt den Rahmen, in dem Sie sich bewegen und Ihre Ziele erreichen müssen.

Wahrscheinlich ist das Budget in wöchentliche oder monatliche Zahlen unterteilt und ein Kontrollsystem kann es Ihnen ermöglichen für jeden Zeitraum den Leistungsstand mit dem Budget zu vergleichen. Auch Ihr Team sollte sowohl das Budget als auch den Leistungsstand kennen.

Beim Budget handelt es sich jedoch um eine im Voraus festgelegte Grenze und das Einhalten des Budgets ist nur ein Maßstab für Ihre Effektivität. Es kommt darauf an, was Sie tatsächlich innerhalb dieser Grenzen erreichen, was Sie aus den zur Verfügung stehenden Mitteln gemacht haben. Prüfen Sie regelmäßig, ob vielleicht nicht noch mehr möglich ist.

Kostenüberwachung

Das Überleben eines Unternehmens hängt davon ab, ob es angemessene Gewinne erzielt. Gewinne – der Überschuss aus der Geschäftstätigkeit – sind die Verkaufserlöse abzüglich der Gesamtkosten. Von diesen Gewinnen müssen jedoch noch Steuern, Darlehensrückzahlungen, Dividenden der Aktionäre und Rücklagen abgezogen werden. Zentrale Punkte sind die Verkäufe und die Kosten und ein permanentes Ziel von Gruppenleitern ist die Kostensenkung. Vergessen Sie nicht die versteckten Kosten, insbesondere Kosten, die durch nicht ausgelastete Ressourcen, d. h. Menschen und Maschinen, entstehen.

CHECKPOINT 4

Welche Ressourcen sind in Ihrer Gruppe nicht ausgelastet?

Lagerhaltung

Benötigt Ihre Gruppe eine Maschinenanlage, Ausrüstung oder Material, steigt auch Ihre finanzielle Verantwortung, denn Sie bestellen und halten Lagerbestände. Diese verursachen Kosten für Raum, Heizung, Lagerausstattung, Beleuchtung, Wartung und durch technische Veralterung. Sie sollten den Mindestbestand kennen, der vorhanden sein muss, damit die unmittelbaren betrieblichen Anforderungen gesichert sind. Stellen Sie außerdem sicher, dass Ihre Lieferanten einen abrufbaren Lagerbestand haben und umgehend liefern können, sodass der Arbeitsablauf nicht unterbrochen wird. Diese Just-in-time-Lieferungen sind der Schlüssel für ein effektives Lagermanagement, verlangen aber ein hohes Maß an Koordination und Kommunikation zwischen dem Abnehmer und dem Lieferanten. Ständige Überprüfung ist erforderlich. Die Verantwortung für diesen Bereich muss klar geregelt sein.

MARKETING

Marketing ist eine Kombination aus Fähigkeiten, Entscheidungen und Aktivitäten, die erforderlich sind um den Bedarf und die Wünsche der Kunden zu erkennen, vorherzusehen und zu befriedigen. Marketing ist Bestandteil des Planungsprozesses und für alle Positionen im Unternehmen gültig.

An Ihrem Arbeitsplatz haben Sie vielleicht keinen direkten Kontakt zu Kunden außerhalb des Unternehmens, aber Sie haben Abnehmer im eigenen Unternehmen. Jede Aufgabe hat

- einen Zulieferer, von dem die Arbeit kommt,
- einen Ausführenden,
- einen Kunden, der das Produkt oder die Dienstleistung erhält.

Jede Partei hat Erwartungen an die anderen und alle drei Parteien sollten sich regelmäßig informell treffen um zu diskutieren, wie der Arbeitsablauf effektiver gestaltet werden könnte oder wo Verbesserungen möglich sind.

Bei den meisten Aufgaben sind mehrere Abteilungen involviert. Regelmäßige Treffen spielen eine wesentliche Rolle bei der Verbesserung der Kooperation und der Koordination zwischen den einzelnen Abteilungen. Dadurch vermeidet man auch, dass die Teams zu sehr auf sich selbst fixiert sind oder sich gegenseitig als Konkurrenz ansehen. Die Konkurrenz sollte außerhalb des Unternehmens liegen.

Wenn Sie mit externen Kunden zu tun haben, denken Sie daran, dass erst etwas erreicht ist, wenn der Verkauf unter Dach und Fach und das Geld auf der Bank ist. Jedes Gruppenmitglied muss die Techniken des Verkaufes und der Kundenpflege kennen. Ein Unternehmen, das die Kundenerwartungen nicht vollkommen erfüllt, kann auf Dauer nicht erfolgreich sein.

> Ihre Aufgabe – wie immer sie geartet ist – besteht ausschließlich darin, die Bedürfnisse Ihrer externen Kunden bzw. betriebsinternen Abnehmer zu befriedigen.

Sich auf die Bedürfnisse des Kunden einzustellen ist besonders wichtig, wenn Ihre Arbeitsgruppe ein Produkt oder eine Dienstleistung an externe Kunden liefert, denn hier

- repräsentiert die Gruppe für den Kunden das gesamte Unternehmen,
- tragen Sie nicht nur die direkte Verantwortung für die Qualität und die Präsentation oder Lieferung des Produktes bzw. der Dienstleistung, sondern auch für das Verhalten der Mitarbeiter Ihrer Gruppe. Durch eine unüberlegte Handlung eines Ihrer Mitarbeiter kann das Unternehmen einen wichtigen Kunden verlieren und ein großer Teil der Vorwürfe würde auf Sie zurückfallen.

Ignorieren Sie Marketing nicht. Ihre Kunden sind die Leute, für die Sie Waren, Dienstleistungen oder Informationen liefern, und wie sie diese Dienste einschätzen, hängt ganz wesentlich davon ab, wie gut Sie die Erwartungen der Kunden erfüllen.

Sie sollten sich ständig darüber im Klaren sein, wer Ihre Kunden sind (lassen sie sich in Gruppen zusammenfassen?) und wo ihre besonderen Bedürfnisse liegen. Wenn Sie diese Bedürfnisse bestimmt haben, müssen Sie sich fragen, wie umfassend Ihre Gruppe oder das Unternehmen diese Bedürfnisse befriedigt und was getan werden kann um Lücken zu füllen. Das ist Marketing!

CHECKPOINT 5

Ihre Kunden arbeiten nicht mit Unternehmen, sondern mit Menschen zusammen. Welche Teammitglieder haben den engsten Kontakt zu den Kunden? Wie gut sind sie ausgebildet? Welches Feed-back erhalten Sie von den Kunden?

Und vergessen Sie nie: Telefonistinnen, Empfangsdamen und Sekretärinnen, die die Briefe schreiben, sind Ihre wichtigsten Aushängeschilder des Unternehmens.

KAPITEL 5

Die Erledigung der Arbeit

INHALT

DIE EINTEILUNG DER ARBEIT

Die meisten Gruppenleiter können die Arbeit, die sie beaufsichtigen sollen, kompetent selbst erledigen, finden es aber schwierig anderen Personen Arbeit zuzuweisen.

Sie werden nicht dafür bezahlt, die Arbeit selbst zu erledigen. Ihre Aufgabe ist es, die Arbeit von anderen erledigen zu lassen. Dazu gehört zweierlei:

- Erstens müssen Sie wissen, welche Fähigkeiten jede Person hat.
- Sodann müssen Sie jeder Person die Arbeit zuweisen.

Die Fähigkeiten der einzelnen Mitarbeiter lassen sich in einer Grafik eintragen. Die Grafik sollte regelmäßig überprüft und aktualisiert werden und folgende Punkte enthalten:

Überprüft am		anfallende Aufgaben im Team						Notizen
		1	2	3	4	5	6	
Name	A	▲			⧗		▲	
	B	/	▲	▲	▲		⧗	
	C					▲	▲	
	D		∧	▲	▲		∧	
	E	▲	▲	/	/			Ausbildung bis 1. Juni
	F	∧		⧗	▲		/	

/ wird augenblicklich für diese Aufgabe geschult

∧ kann diese Aufgabe teilweise erledigen, benötigt aber noch Unterstützung, oder kann die Aufgabe ausführen, hat aber noch nicht das erforderliche Tempo

▲ kann diese Aufgabe vollständig erledigen, Qualität und Tempo entsprechen dem Standard

⧗ kann andere Mitarbeiter in diesem Bereich unterweisen

Aus einem solchen Überblick, der im Anschluss an Diskussionen mit den Mitarbeitern erstellt werden sollte, kann man verschiedene Dinge ersehen. Nach dem obigen Beispiel könnte B die Voraussetzungen für eine Beförderung erfüllen oder kommt für eine Entsendung in eine andere Abteilung in Frage um weitere Erfahrungen zu sammeln. A sollte für eine weitere Aufgabe ausgebildet werden. Aufgabe 5 muss umgehend überprüft werden. Was geschieht, wenn C abwesend ist? Wer könnte diese Aufgabe sonst erledigen? Wenn der Gruppenleiter diese Aufgabe erledigen muss, wer leitet dann die Gruppe?

Planen Sie für jede Position eine Zweitbesetzung ein. *Die meisten Unternehmen schätzen Mitarbeiter, die in verschiedenen Bereichen einsetzbar sind.*

Vermutlich werden Sie feststellen, dass Ihre Mitarbeiter die Herausforderung einer solchen Überprüfung annehmen. Das Bestehen der Überprüfung macht stolz und weckt den Wunsch alle Aufgaben kompetent erledigen zu können. So erhält die Aneignung neuer Fertigkeiten einen größerer Praxisbezug.

Die Überprüfung zeigt Ihnen, über welche „menschlichen Ressourcen“ Sie in Ihrer Gruppe verfügen. Sie sollten auch Ihre „technischen Ressourcen“ kennen, insbesondere wenn Sie sie mit anderen Abteilungen teilen (z. B. ein Fahrzeug).

Sehr hilfreich kann auch ein Arbeitsplan sein, beispielsweise:

Mitarbeiter des Teams	September (Arbeitstage)																													
	1	2	3	4	5	6	7	8	9	10	11	12	13	14	15	16	17	18	19	20	21	22	23	24	25	26	27	28	29	30
A																														
B																														
C																														
D																														
E																														
F																														

Den verschiedenen Aufgaben kann eine Nummer oder ein einfacher Code zugeordnet werden. Außerdem können passende Markierungen hinzugefügt werden um bei bestimmten Aufgaben den Arbeitsstand darzustellen. Schließlich können weitere wichtige Angaben eingetragen werden, z. B. wer die Hauptverantwortung für eine Aufgabe hat.

Sie sollten immer einen kleinen Vorrat an Blankoformularen für Arbeitspläne parat halten. Lassen Sie sich, bis Sie sich an die Benutzung gewöhnt haben, viel Zeit, sowohl für die Erstellung der Pläne als auch für die Überprüfung. Mit der Überprüfung stellen Sie sicher, dass nichts übersehen wurde. Sie werden schnell feststellen, wie hilfreich ein solcher Plan ist.

ARBEITSABLAUF

Beim Arbeitsablauf ist es Ihre Aufgabe sicherzustellen, dass

- es keine Leerlaufphasen gibt, in denen Mitarbeiter auf Arbeit warten,
- ausreichend Zeit für Überprüfungen, Tests oder Inspektionen zur Verfügung steht,
- die Abläufe die richtige Reihenfolge haben, sodass Engpässe oder unnötige doppelte Arbeit vermieden wird,
- die Arbeitsmethoden ständig überprüft werden mit dem Ziel eventuell bessere Wege zu finden,
- Ausbildung und Förderung der Mitarbeiter berücksichtigt werden.

Auf folgende Faktoren sollten Sie bei der Organisation des Arbeitsablaufes besonderes Augenmerk richten:

1. *Die Anordnung des Arbeitsbereiches*

- Gewährleistet sie einen gleichmäßigen und ununterbrochenen Arbeitsablauf oder sind Verbesserungen möglich? Müssen die Mitarbeiter zu viel hin und her laufen, um die Arbeit zu erledigen?
- Sind die äußeren Arbeitsbedingungen so gut, wie sie sein sollten – sauber, frei von Behinderungen und Schmutz, mit angemessener Lagerhaltung und Stauraum?
- Gibt es irgendwo Gefahrenquellen?

2. *Der Arbeitsplatz jeder einzelnen Person*

- Passt er zu der zu erledigenden Arbeit?
- Verursacht er vorzeitige Ermüdung?
- Ist das benötigte Material griffbereit?
- Ist der Arbeitsplatz gut beleuchtet, beheizt und belüftet?

3. *Ausrüstung und Maschinen*

- Erfüllen sie ihren Zweck?
- Werden sie richtig eingesetzt und vollständig ausgenutzt?
- Werden sie richtig bedient und gewartet?
- Werden alle Sicherheitsvorschriften eingehalten?

Der Arbeitsablauf hat Einfluss auf jeden Mitarbeiter der Gruppe. Daher sollten Sie das Thema mit allen Teammitgliedern diskutieren, nach ihrer Meinung fragen und offen für Ideen und Verbesserungsvorschläge sein.

DIE VERWALTUNG VON RESSOURCEN

Ihnen stehen zahlreiche Ressourcen zur Verfügung, vielleicht mehr als Ihnen bewusst ist. Alle Ressourcen müssen regelmäßig überprüft werden, sodass bestmögliche Ergebnisse erreicht werden. Achten Sie auf folgende Aspekte:

1. *Finanzen*

- Was wird finanziell von Ihrem Team erwartet (Kosten, erwirtschaftetes Einkommen, entstandene Forderungen)?
- Welche Aufgaben haben Auswirkungen auf den Cashflow?
- Sind sämtliche Aufgaben kosteneffektiv?
- Was könnte im Rahmen des Budgets zusätzlich erreicht werden?
- Kennen alle Mitarbeiter der Gruppe die zu erzielenden Ergebnisse und erledigen sie die Arbeit kostenbewusst?

2. *Kommunikation*

- Erhält Ihr Team alle benötigten (keine unnötigen) Informationen rechtzeitig und so aufbereitet, dass sie sich gut nutzen lassen?

3. *Lagerhaltung*

- Lagern Sie zu viel oder zu wenig?
- Wurden die Grundlagen der Just-in-time-Lieferung eingeführt?

4. *Serviceleistungen*

- Ihr Team erhält Informationen oder Dienstleistungen von der Buchhaltung, dem Lager, der Verwaltung, Computerfachleuten, der Personalabteilung usw. Zahlreiche Stellen benötigen im Gegenzug Informationen oder Angaben von Ihnen. Wie häufig setzen Sie sich mit den entsprechenden Mitarbeitern zusammen um herauszufinden, wie diese Berührungspunkte effektiver gestaltet werden könnten?

- Könnten Sie die Erfahrungen dieser Leute besser einsetzen? Ein Bilanzbuchhalter beispielsweise sollte (im Gegensatz zu jemandem, der nur die Bücher führt) das Unternehmen bei der Bewertung von Risiken beraten, Geldmärkte analysieren, ein neues Bewusstsein für Finanzen im Unternehmen schaffen, dem Verkauf eine profitable Richtung aufweisen, mit den Mitarbeitern reden, die das Geld ausgeben, Manager und Gruppenleiter in die richtige Etatplanung einweisen, Kapitalmarktanlagen auf optimale Renditen untersuchen usw.

LEISTUNGSMESSUNG

Es ist für das Verständnis, die Motivation und den Fortschritt der Arbeit wichtig die Ergebnisse zu kennen. Dabei kommt es nicht darauf an, in welchem Bereich man arbeitet. Bei der Arbeit benötigt jeder Mitarbeiter ein stetiges Feed-back zu folgenden Fragen: „Was erwartet man von mir?“ „Was hält man von meiner Arbeit?“ Gerade Teams sind auf ein solches Feed-back in der Regel besonders stark angewiesen.

Diesem Verlangen wird mit Leistungsmessungen entsprochen. Unabdingbare Voraussetzung für jede Leistungsmessung ist ein klares Ziel bzw. ein Maßstab, an dem die Leistung gemessen werden kann. Viel hängt davon ab, wie genau die Ziele formuliert werden. Eine Beurteilung ist fast unmöglich, wenn das Ziel beispielsweise lautet: „Wir wollen den Standard bei der Mitarbeiterführung erhöhen.“ Ausgehend wovon? Wohin? Bis wann?

Sie werden dafür bezahlt, dass die Arbeit erledigt wird. Also benötigen Sie Kontrollen, die genau das gewährleisten. Kontrolle bedeutet in diesem Zusammenhang, dass Sie und Ihre Mitarbeiter in Schlüsselpositionen die erforderlichen Informationen erhalten, sodass Sie beurteilen können, ob die Ziele in jeder Hinsicht erreicht werden.

Die verwendeten Kontrollen sollten aus drei Komponenten bestehen:

- dem festgelegten Standard (Quantität, Qualität, Kosten, Zeit usw.),
- Messen der Leistung,
- Korrektur der Abweichungen vom Standard.

In den meisten Herstellungsbetrieben wird ein Kontrollzyklus angewendet. Er umfasst folgende Abfolge:

- Festlegen des Standards,
- Messung der tatsächlichen Leistung,
- korrigierende Maßnahmen, indem entweder die Leistung verbessert oder die Leistungsgrundlage geändert wird,
- erneute Messung der Leistung und gegebenenfalls korrigierende Maßnahmen.

Für die Beurteilung der Leistung ist die Tatsache wichtig, dass nur ein kleiner Teil der Anstrengungen wirklich für das Ergebnis entscheidend ist (so genannte Pareto-Verteilung). In einem weiten Bereich von Tätigkeiten kann belegt werden, dass 80% der Ergebnisse auf 20% der Bemühungen basieren und umgekehrt. Daher sollte man seine Bemühungen auf diese entscheidenden 20% konzentrieren.

Das Management muss die Schlüsselbereiche bestimmen, in denen regelmäßige Leistungsmessungen erforderlich sind. Folgende Punkte sind denkbar: Lagerhaltung, Produktion, Finanzen und Etatplanung, Personal, Kunden, Ausrüstung bzw. Werkzeug (Ergebnis pro Stunde, Kapazitätsauslastung, Kostenanteil, Ausfallzeiten, Ergebnis pro Mann-Stunde, Personalkostenanteil, Anteil der produktiven Zeit), Kapital (Verhältnis Betriebsgewinne zu Betriebsvermögen, Nettogewinnspanne, Umschlagshäufigkeit des Gesamtkapitals), Verkauf (Anzahl der täglichen Besuche pro Person, durchschnittlicher Rücklauf je Besuch, durchschnittliche Kosten je Besuch, neue und verlorene Kunden in einem bestimmten Zeitraum).

Die Berichte zur Leistungsmessung sollten möglichst schnell der jeweiligen Gruppe zur Verfügung gestellt und Thema einer Teamsitzung werden, damit die aufgeworfenen Punkte diskutiert und weitere Schritte geplant werden können.

Um aussagekräftig zu sein müssen die Berichte

- sich auf die Arbeit beziehen und nicht auf die Personen, die diese Arbeit ausführen,
- so häufig erstellt werden, wie es die Situation erfordert,
- sich in ihrer Beurteilung auf die Ziele konzentrieren (Grafiken und Diagramme sind in diesem Zusammenhang oft aussagekräftiger als Zahlen).

Bei der Auswertung der Leistungskontrolle in einer Teamsitzung sollten Sie nicht nur die negativen Aspekte erwähnen, sondern auch die positiven herausstellen. Ihr Ziel ist es schließlich, Ihre Mitarbeiter zu motivieren.

CHECKPOINT 1

Überlegen Sie zur genaueren Untersuchung der Leistungskontrollen einmal, welche Kontrollen in Ihrem Arbeitsbereich greifen: Erfüllen sie ihren Zweck? Handelt es sich um eine schnelle betriebliche Kontrolle oder um einen Bericht für die Geschäftsleitung mit den Werten des zurückliegenden Zeitraumes? Wo hat in letzter Zeit die Kontrolle versagt? Lag dies an zu wenig oder an zu viel Kontrolle? Welche wichtigen Informationen erhalten Sie nicht?

Ihre Mitarbeiter kennen nur einen Standard: Was Sie akzeptieren, ist gleichbedeutend mit guter Arbeit. Mit anderen Worten: Wenn einer Ihrer Mitarbeiter Arbeit abliefert, die nicht vollkommen dem geforderten Standard entspricht und Sie nichts dagegen unternehmen, bedeutet das das Gleiche, wie wenn Sie diesem Mitarbeiter und den anderen Teammitgliedern offen sagen: „Sie haben meine Genehmigung schlechte Arbeit zu leisten.“ Und dann werden Sie ein Problem haben. Bedenken Sie:

Was Sie akzeptieren, billigen Sie!

Alle Arbeiten müssen einem vorher vereinbarten und akzeptierten Standard entsprechen. Wenn sich Ihre Gruppe zu einem Team entwickeln soll, muss

- die Verantwortlichkeit der Mitarbeiter klar sein; sie müssen die von ihnen erwarteten Aufgaben engagiert erledigen,
- ein ständiges Feed-back gewährleistet sein; dazu müssen die Mitarbeiter über die gegenwärtige Lage und die weiter gehende Planung und darüber informiert sein, inwieweit sich die Leistung mit den Zielen deckt,
- Anerkennung der Leistung der einzelnen Personen und der Gruppe ausgesprochen werden,
- Ausbildung und Beratung sichergestellt sein um Verbesserungen und Wachstum zu erreichen.

Ihr Hauptaugenmerk muss darauf gerichtet sein, dass sich das ganze Team zu den Zielen bekennt. Gleichzeitig sollten Sie aber die Gruppe nicht nur als Ganze betrachten, sondern auch das Binnenverhältnis der Teammitglieder bedenken und die Leistungen einzelner Mitarbeiter differenzieren, denn:

Der Vergleich mit Kollegen ist einer der stärksten Motivationsfaktoren.

Wenn sich Ihre Gruppe zu einem Team entwickelt und stolz auf den hohen Standard der gemeinsamen Arbeit ist, wird sich das Team als Ganzes für das Erreichen der Ziele verantwortlich fühlen. Ihre „Kontroll"funktion verliert damit immer mehr den Aspekt der Überwachung; Sie leiten statt Vorgaben zu machen.

Es gibt zahlreiche Arten der Kontrolle. Setzen Sie jedoch nur Kontrollen ein, die erforderlich sind, denn ein Zuviel an Kontrolle führt zu Verärgerungen und ist ebenso schlecht wie zu wenig Kontrolle. Stimmen Sie sich mit Ihrem Vorgesetzten über die verwendeten Kontrollmechanismen und ihre Notwendigkeit ab.

Kostenüberwachung

Mit der Kostenüberwachung sollen die Kosten, die innerhalb Ihrer Kontrollbefugnisse liegen, kontrolliert werden. Es handelt sich dabei um Kosten im Zusammenhang mit

- Löhnen und Gehältern von Mitarbeitern, die mit der Herstellung des Produktes bzw. der Leistung der Abteilung beschäftigt sind,
- den Löhnen und Gehältern der Mitarbeiter in den Dienstleistungsabteilungen, z. B. Lager, Werkstatt, Fahrbereitschaft, Personalabteilung, EDV-Abteilung und Verwaltung,
- Material (Rohstoffe für das Produkt, die Komponenten oder Teile einer Fertigungseinheit),
- Verbrauchsgütern, z. B. Öl, Schmierstoffen, Reinigungsmitteln und kleinen Artikeln wie Muttern und Schrauben,
- Ausgaben, die bei einer Aufgabe direkt anfallen, z. B. Pläne, Spezifikationen (mit Ausnahme von Löhnen und Gehältern),
- laufenden Ausgaben, wie z. B. Strom, Gas, Wasser, Abgaben, Mieten und Versicherungen.

Eventuell müssen Sie auch drei unterschiedliche Kostenrechnungssysteme kennen, die im Folgenden skizziert werden.

- *Auftragskostenrechnung:* Sie wird angewendet, wenn es sich um eine Auftrags- oder Sonderanfertigung handelt. Alle Kosten werden diesem Auftrag direkt zugewiesen.
- *Standardkostenrechnung:* Hier werden die Kosten im Voraus kalkuliert oder bestimmt, die tatsächlichen Kosten können dann mit diesem Standard verglichen werden.
- *Spezielle fertigungsbedingte Kalkulation:* Hier werden die Kosten des Auftrages für jede Fertigungsstufe einzeln berechnet.

Es ist wichtig zu wissen, welche Kosten in Ihrem Arbeitsbereich anfallen, denn auf diese Kosten haben Sie Einfluss. Sie benötigen diese Information regelmäßig um Abweichungen festzustellen. Wenn Sie korrigierende Maßnahmen einleiten können, sollten Sie diese Möglichkeit nutzen.

Wahrscheinlich erhalten Sie die Vorgabe Kosten zu reduzieren. In diesem Fall müssen Sie folgenden Bereichen besondere Aufmerksamkeit widmen:

- *Ausschuss reduzieren:* Ausschuss entsteht, wenn falsche Rohstoffe verwendet werden, durch Bruch oder schlechte Wartung. Er kann auch von Mitarbeitern verursacht werden, die falsch eingesetzt sind.
- *Zeit sparen:* Kann das Ergebnis verbessert werden? Können Maschinen oder Ausrüstung besser ausgelastet oder der Arbeitsablauf beschleunigt werden?
- *Räume besser ausnutzen:* Raum zur Lagerung, zur Produktion oder für Frachtgüter kostet viel Geld. Lässt sich der benötigte Platz reduzieren?
- *Mitarbeiter richtig einsetzen:* Wie lange dauert es, bis ein neuer Mitarbeiter voll einsatzfähig ist? Könnte die Einarbeitung schneller und besser erfolgen? Was können Sie tun um die Fluktuation oder die Abwesenheitsrate zu reduzieren? Werden die Fähigkeiten der Mitarbeiter vollständig und richtig ausgenutzt? Wie gut ist Ihr Schulungsplan?
- *Bewegung und Transport reduzieren:* Wie viele Bewegungen sind erforderlich, damit Mitarbeiter, Material, Papier usw. ihren Zweck erfüllen?

Bedenken Sie, dass auch Ihre Mitarbeiter eigene Ideen haben, wo Einsparungen möglich sind oder wie Ausschuss reduziert werden kann. Zögern Sie nicht sie zu fragen.

CHECKPOINT 2

Angenommen, Sie erhalten die Vorgabe die Kosten bis zum Ende des nächsten Monats um 6% zu reduzieren. Was würden Sie tun? Was steht dem entgegen?

Produktions- und Leistungskontrolle

Mit dieser Kontrolle sollen die Produktion und die Leistung auf einem bestimmten Niveau gehalten und ein Standard festgelegt werden. Die Abweichung (nach unten oder oben) des Produktionsergebnisses von der Standardproduktion wird manchmal auch prozentual angegeben.

Möglicherweise gibt es für Ihre Gruppe keine genauen Kostenaufschlüsselungen. Sie können aber die Produktionsangaben eines Mann-Tages, einer Mann-Stunde oder eines anderen definierten Ziels als Maßstab verwenden. Durch eine einfache Grafik lassen sich in regelmäßigen Abständen Leistung und Ziel vergleichen.

Abb. 5.1 Vergleich von Leistung und Ziel

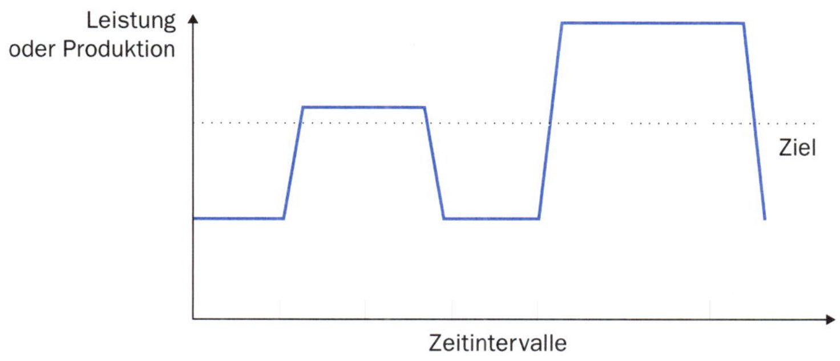

Kontrolle der Fertigstellungstermine

Mit dieser Kontrolle soll sichergestellt werden, dass eine Arbeit rechtzeitig fertig gestellt wird oder dass der Zeitplan für eine Arbeit eingehalten wird.

Folgende Methoden sind möglich: Auf einer Plantafel mit Angaben, wann bestimmte Arbeiten fertig sein müssen und wer diese Arbeiten erledigt, muss die verantwortliche Person nach Fertigstellung den entsprechenden Arbeitsschritt abzeichnen. Oder Sie fertigen für eine langfristige Aufgabe ein Säulendiagramm mit dem geplanten Fertigstellungstermin an und schraffieren den Arbeitsfortschritt.

Überprüfung der Aufgaben

Hierdurch wird sichergestellt, dass keine Aufgaben übersehen werden, dass ihnen die richtige Priorität zugeordnet wird und dass alle Mitarbeiter ausgelastet sind. Sinnvoll ist eine wöchentliche Überprüfung aller nicht beendeten Aufgaben der Gruppe, und zwar Aufgabe für Aufgabe oder Mitarbeiter für Mitarbeiter.

Kontrolle des Arbeitsplans

Diese Kontrolle soll verhindern, dass einige Mitarbeiter überlastet werden; ferner soll bei Routineaufgaben das Arbeitsergebnis überprüft werden. Schätzen oder stoppen Sie dazu die für jeden Arbeitsabschnitt benötigte Zeit, fassen Sie ähnliche Aufgaben zu Ein-Personen-Einheiten zusammen, weisen Sie sie den einzelnen Teammitgliedern zu und setzen Sie realistische Fertigstellungstermine.

Kontrolle der Ausnahme

Mit dieser Kontrolle sollen Sonderfälle erkannt werden, die die persönliche Aufmerksamkeit des Gruppenleiters oder der Geschäftsführung erfordern. Legen Sie einen Leistungsstandard und einen Toleranzbereich fest. Sobald das Ergebnis außerhalb des Toleranzbereiches liegt, müssen Sie informiert werden.

Dadurch übertragen Sie mehr Verantwortung auf Ihre Mitarbeiter und schaffen sich selbst mehr Freiraum für andere Aufgaben. Die Gültigkeit der Standards muss allerdings regelmäßig überprüft werden.

Fehlerquellen

Um Fehlerquellen in komplexen, sich wiederholenden Arbeitsabläufen zu erkennen, die Fehler beseitigen und die Mitarbeiter entsprechend schulen zu können, sollten Sie eine Tabelle erstellen, die die einzelnen Schritte des

Arbeitsablaufs und die beteiligten Mitarbeiter aufführt. Untersuchen Sie dann die Einzelheiten der Abläufe und notieren Sie genau, wo ein Fehler auftritt. Ermuntern Sie Ihre Mitarbeiter bei der Fehlersuche mitzuhelfen, denn das Ziel ist eine Verbesserung des Ablaufes bei geringeren Kosten. Es geht nicht darum, Mitarbeitern Schuld zuzuweisen oder sie zu rügen.

Abb. 5.2 **Tabelle zum Auffinden von Fehlerquellen**

Aufgabe	**Fehler bei den einzelnen Arbeitsschritten**							
Mitarbeiter	I	II	III	IV	V	VI	VII	VIII
A		II			𝍸 I	I		
B	II		III		III		II	
C		I	I		𝍸 III		II	
D	II			I	𝍸	II		
E					𝍸 II		I	I
F		I		I	III			I

In dem Beispiel muss Arbeitsschritt V genauer untersucht werden, da hier die meisten Fehler auftreten. Dies ist der Bereich, in dem Korrekturen und Schulungen der Mitarbeiter erforderlich sind.

Mitarbeiterbesprechungen

Mitarbeiterbesprechungen sollen sicherstellen, dass alle Mitarbeiter der Gruppe die Ziele kennen und wissen, was zu tun ist, dass sie über Arbeitsfortschritte, über zu erwartende Schwierigkeiten, Fertigstellungstermine usw. informiert werden. Sinnvoll ist ein regelmäßiges Treffen (etwa 20 Minuten pro Woche), bei dem Auffassungen ausgetauscht, Aufgaben überprüft und Probleme diskutiert werden.

Damit diese Besprechungen produktiv sind, müssen sie vorbereitet werden:

- Beginnen Sie die Besprechung pünktlich und nennen Sie das Thema und die Ziele.
- Stellen Sie das Thema oder das Problem dar und eröffnen Sie die Diskussion. Benennen Sie die Tatsachen, stellen Sie Fragen, skizzieren Sie verschiedene Standpunkte. Eine gute Diskussionseröffnung wäre beispiels-

weise die Frage: „Was läuft im Augenblick gut?“ Oder: „Wo müssen wir mit Problemen rechnen?“

- Leiten Sie die Diskussion. Bedenken Sie, dass Fragen besser sind als Monologe. Ermuntern Sie zu Kommentaren, Vorschlägen und Erfahrungsaustausch. Stellen Sie offene Fragen (was, warum, wo, wie?). Vermeiden Sie persönliche Aspekte und trennen Sie Tatsachen und Meinungen. Fassen Sie häufig zusammen. (Wäre eine Tafel hilfreich?)
- Legen Sie weitere Schritte fest. Überprüfen Sie die wichtigsten Punkte. Stellen Sie das Diskussionsergebnis oder die Vorschläge dar und skizzieren Sie die weiteren Schritte, z. B. wer was bis wann erledigen soll.
- Beenden Sie die Sitzung zum festgelegten Zeitpunkt oder vorher.

Viele Unternehmen tendieren gegenwärtig dazu, den Abstand zwischen den Besprechungen zu vergrößern, beispielsweise auf eine Besprechung im Monat. Untersuchungen zeigen allerdings, dass eine 5-Minuten-Besprechung (nicht länger) zu Beginn des Arbeitstages, in der Positives und Probleme des *Vortages* sowie die Planungen für den Tag besprochen werden, am produktivsten ist.

Insgesamt ist es am wirksamsten, wenn verschiedene Kontrollmechanismen zusammenwirken. Berücksichtigen Sie aber, dass sich die Voraussetzungen manchmal unerwartet ändern. *Kontrollen sollten nur so lange eingesetzt werden, wie sie sinnvoll sind. Außerdem sollten sie möglichst nah am Arbeitsablauf sein und Abweichungen vom gewünschten Standard sofort erfassen, damit korrigierende Maßnahmen umgehend eingeleitet werden können.*

Viele Kontrollen, einschließlich der Umsatzzahlen, geben Informationen über einen vorhergehenden Zeitraum, sagen aber nichts über die augenblickliche Entwicklung aus. Bis dann endlich Schritte eingeleitet werden, kann es schon zu einem großen Verlust gekommen sein.

Was sich nicht messen lässt, lässt sich nicht kontrollieren.

Wenn Mitarbeiter wissen, was beurteilt wird, und die Gründe dafür kennen, werden sie sich darauf einstellen. Und: Was nicht überprüft wird, wird sich verschlechtern. Und noch ein weiterer wichtiger Aspekt der Leistung muss betont werden: *Messen Sie die Aktivitäten oder die Ergebnisse?*

Die Verkäufe während eines Tages beziehen sich auf die Aktivitäten. Der Anteil an den täglichen Verkaufsgewinnen bezieht sich auf das Ergebnis.

CHECKPOINT 3

Hatten Sie schon einmal Probleme mit der Leistung Ihres Teams? Wie haben Sie das festgestellt? Haben sich daraus ernste Konsequenzen ergeben? Wie könnten Sie in Zukunft bereits erste Anzeichen erkennen?

QUALITÄTSMANAGEMENT

„Qualität“ kann man unterschiedlich definieren, als den vom Kunden wahrgenommenen Wert und den Gebrauchswert einer Ware, als das Maß an Güte, das den Kunden zufrieden stellt, oder als das Ziel die Erwartungen der Kunden zu überbieten.

Zwei Aspekte spielen eine wichtige Rolle:

- Qualitätssicherung bezieht sich auf ein Verfahren, bei dem die Produktion mit festgelegten Kriterien verglichen wird.
- Qualitätsverbesserung ist ein breiteres Konzept und beinhaltet eine Reihe von Managementtechniken für sämtliche Bereiche des betrieblichen Ablaufs. Bei der Qualitätsverbesserung steht der Mensch im Mittelpunkt.

In diesem Zusammenhang schließt das *Total Quality Management* Folgendes ein: Qualitätssicherung, Qualitätsverbesserung und statistische Prozesskontrolle. Das gesamte Unternehmen muss sich zum Qualitätsmanagement bekennen, der Prozess muss von der Geschäftsführung und den Führungskräften initiiert werden. Die International Standards Association (ISO) hat eine Reihe von Standards veröffentlicht (ISO 9000 ff.). Unternehmen, die die entsprechenden Voraussetzungen erfüllen, können sich zertifizieren lassen. Ein solches Zertifikat kann große Anerkennung im heutigen harten Wettbewerb bedeuten. Von einigen Kunden wird die Zertifizierung sogar verlangt.

Gruppenleiter haben bei den stetigen Bemühungen um Qualität eine wichtige Funktion. Der Anstoß muss von der Geschäftsleitung ausgehen und sich bis nach unten fortsetzen. Die Belegschaft stellt sich auf ihre direkten Vorgesetzten, die Gruppenleiter, ein und wird mehr auf das von ihnen gegebene Vorbild als auf große Worte achten. Jeder einzelne Mitarbeiter auf allen Ebenen des Unternehmens muss Verantwortung für Qualität übernehmen und sich an

Qualitätssicherung gebunden fühlen. Qualitätssicherung muss Bestandteil aller Tätigkeiten sein; dies lässt sich nicht durch Kontrollen erreichen. Das bedeutet:

- Neue Mitarbeiter sollten von Anfang an den Qualitätsstandard erfüllen, der auch später von ihnen erwartet wird. Die Quantität wird sich erhöhen, und zwar bei der Qualität, die am ersten Tag festgelegt wurde. Damit schafft man die Voraussetzungen, dass jemand auf seine Arbeit stolz ist.
- Wenn Qualitätsstandards festgelegt werden, sollten die Mitarbeiter dazu befragt werden, damit sie sie voll annehmen. Sie werden dann auch eventuell auftretende Abweichungen registrieren und sind in der Lage die erforderlichen Maßnahmen einzuleiten.

Die Qualität von heute ist die Basis für den Ruf von morgen.

Einen neuen Kunden zu gewinnen ist mit mindestens sechsmal höheren Ausgaben für Werbung und Marketing verbunden als einen alten Kunden zu halten. Letzteres verlangt aber mehr als nur den Status quo der Dienstleistung oder des Produktes aufrechtzuhalten. Ihre Konkurrenten sind ständig auf der Suche nach Verbesserungsmöglichkeiten, die ihnen einen Marktvorteil verschaffen. Von Ihnen wird erwartet, dass Sie Ihre Arbeitsgruppe mitreißen bei den Bemühungen um eine kontinuierliche Verbesserung in sämtlichen Bereichen.

Am Arbeitsplatz setzen Sie die Qualitätsstandards – in allen Bereichen. Das umfasst nicht nur die eigentliche Arbeit. Es bezieht sich auch auf die Qualität der Kommunikation, der Beziehungen und Ihrer Zusagen. Man richtet sich nach Ihnen. Sie sind das Vorbild.

Abb. 5.3 **Qualitätssicherung bzw. -verbesserung: das Bemühen um möglichst große Überschneidung**

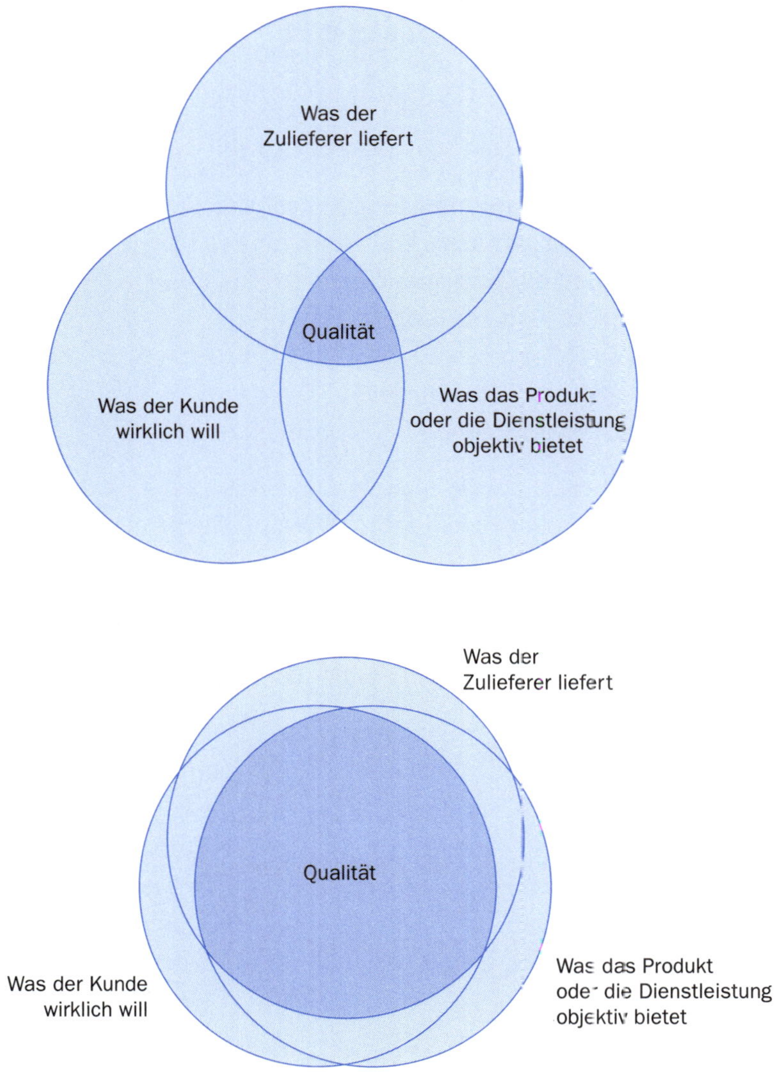

CHECKPOINT 4

Gibt es in Ihrem Unternehmen schriftlich festgelegte Qualitätsrichtlinien? Wer überwacht sie? Haben Sie entsprechende Richtlinien für Ihr Team formuliert? Sind Ihre Mitarbeiter darüber informiert?

KONTINUIERLICHE VERBESSERUNGEN

Wir leben in einer stark vom Konkurrenzkampf geprägten Umwelt. Am Arbeitsplatz geht es bei dem ständigen Konkurrenzkampf um

- den Marktanteil oder öffentliche Anerkennung,
- Gewinne und Produktivitätsziele,
- die Zufriedenheit der Kunden,
- Finanzen,
- alle Arten von Ressourcen,
- die Anerkennung der Bemühungen,
- die Gunst der Vorgesetzten.

Bliebe man stehen, würde man vom nachfolgenden Verkehr umgefahren werden – es gibt keine ordentlichen Warteschlangen wie in England. Die meisten Unternehmen haben heute erkannt, dass sie sich in allen Bereichen um ständige Verbesserungen bemühen müssen um einen Wettbewerbsvorteil zu erzielen bzw. zu halten. Dies bedeutet die systematische und möglichst schonungslose Überprüfung aller Aktivitäten des Arbeitsteams, indem man fragt:

- Was wird durch dieses Vorgehen erreicht? (Zweck)
- Wie ist der augenblickliche Status? (Information)
- Wieso sind wir an diesem Punkt? (Analyse)
- Wo könnten, sollten wir sein? (Optionen prüfen)
- Wie können wir den Wert steigern? (Verbesserung)
- Wer soll jetzt was tun? (Handlungsplanung)
- Sind wir auf dem richtigen Weg? (Leistungsmessung und Überprüfung)

Ergebnisse sollten nach ihrem Produktivitätsgewinn beurteilt werden – mit geringeren Kosten mehr oder bessere Ergebnisse erzielen. Unternehmen mit ständig steigender Produktivität zeichnen sich dadurch aus, dass Mitarbeiter, einzeln oder als Team, für die Lösung von Problemen Verantwortung tragen. Sie handeln, wenn etwas schief läuft oder wenn es Verbesserungsmöglichkeiten gibt, indem sie das Problem selbstständig beseitigen oder Empfehlungen aussprechen. Damit dies allerdings funktioniert, müssen mehrere Voraussetzungen erfüllt sein:

- Das Unternehmen muss sich zur Qualitätsverbesserung bekennen und gegebenenfalls um Marktführung in seinem Bereich kämpfen.
- Mitarbeiter auf allen Ebenen werden in die Techniken der Problemlösung eingewiesen und lernen so, kompetent Probleme zu lösen.
- Teamarbeit ersetzt autokratische Kontrolle, sodass sich die Mitarbeiter für ihren Bereich verantwortlich fühlen.
- Bemühungen werden anerkannt.

Jede Aufgabe kann verbessert oder vereinfacht werden. Es gibt immer einen noch besseren Weg. Ein Ansporn kann darin bestehen, immer nach besseren, schnelleren und billigeren Möglichkeiten zu suchen. Das setzt dreierlei voraus:

- den Wunsch und die Entschlossenheit bessere Ergebnisse zu erzielen,
- ein Verständnis für die zugrunde liegenden menschlichen Faktoren (Menschen neigen dazu, sich Veränderungen zu widersetzen, da sie Unsicherheit erzeugen; sie wenden sich gegen alles, von dem sie annehmen, es setze sie herab – wirksame Änderungen müssen demnach Vorteile für die beteiligten Personen bedeuten),
- ein Verständnis der wirtschaftlichen Faktoren (Kosten, mögliche Einsparungen usw.).

Sie und Ihr Team sollten ständig auf der Suche nach Verbesserungsmöglichkeiten sein. Stellen Sie dabei folgende Fragen:

- Könnte man auf die Aufgabe verzichten?
- Könnte sie mit einer anderen Aufgabe kombiniert werden?
- Könnte sie mit geringeren Bemühungen erledigt werden?
- Könnte sie an einem anderen Ort zu einer anderen Zeit erledigt werden?
- Wie lässt sich die Verschwendung von Geld, Fähigkeiten, Wissen, Lagerbestand, Energie, Platz, Transport bzw. die Verschwendung durch erforderliche Nachbesserungen bzw. Ausfallzeiten oder durch nicht genutzte Technologie reduzieren?
- Wie können wir den Wert unseres Produktes bzw. der Dienstleistung steigern?
- Haben wir uns mit bestimmten Mängeln abgefunden?

> **W**enn Sie die Probleme nicht suchen, wie sollen dann Verbesserungen möglich sein?

Das folgende Formblatt zur Überprüfung der Arbeitsweise ist ausgesprochen nützlich. Wenn Sie genau notieren, wie etwas augenblicklich gemacht wird, und das gegenwärtige Vorgehen mit einer vorgeschlagenen besseren Möglichkeit vergleichen, sind die damit verbundenen Einsparungen für die Geschäftsführung schnell ersichtlich.

Ein guter Aufhänger bei einer Mitarbeiterbesprechung könnte lauten: „Was können wir unternehmen um die Dinge um uns herum zu verbessern?" Hören Sie zu und wählen Sie für den Anfang gemeinsam ein Projekt aus.

Es könnte für Ihren Stellvertreter oder jemanden aus dem Team eine gute Übung sein eine kleine Arbeitsgruppe zu leiten und das Arbeitsergebnis dann der gesamten Gruppe vorzustellen, bevor ein endgültiger Vorschlag weitergeleitet wird.

Wenn eine neue Idee aufkommt oder ein Vorschlag gemacht wird, prüfen Sie ihn aufmerksam und diskutieren Sie ihn eventuell mit Ihrem Vorgesetzten.

Zur schnellen Überprüfung eines neuen Vorschlags

Beantworten Sie alle folgenden Fragen:

- Bedeutet der Vorschlag eine Verbesserung, z.B. Steigerung der Produktivität, Qualitätsverbesserung?
- Werden Mitarbeiter dadurch effektiver eingesetzt?
- Verbessert der neue Vorschlag Betriebsabläufe, Wartung oder Konstruktion?
- Stellt er eine Verbesserung der augenblicklichen Arbeitsweise oder Ausrüstung dar?
- Wird die Sicherheit verbessert?
- Wird Ausschuss reduziert? Werden Ressourcen effektiver genutzt?
- Fällt unnötige Arbeit weg oder wird reduziert?
- Werden Kosten gesenkt?
- Werden die Arbeitsbedingungen verbessert?
- Steht er im Widerspruch zu den geltenden tariflichen Vereinbarungen?
- Wird die Idee von den beteiligten Personen unterstützt werden?
- Was soll ich jetzt unternehmen?

Überprüfung der Arbeitsweise, Aufgabe:				
Zweck	Was wird erreicht?	Ist es erforderlich? Warum?	Was könnte zusätzlich getan werden?	Was sollte getan werden?
Ort	Wo wird die Aufgabe erledigt?	Warum da? Vorteile? Nachteile?	Wo sonst könnte die Aufgabe erledigt werden? Vorteile? Nachteile?	Wo sollte die Aufgabe erledigt werden?
Abfolge	Wann wird die Aufgabe erledigt?	Warum dann? Vorteile? Nachteile?	Wann sonst könnte die Aufgabe erledigt werden? Vorteile? Nachteile?	Wann sollte die Aufgabe erledigt werden?
Mitarbeiter	Wer erledigt die Aufgabe?	Warum dieser Mitarbeiter? Vorteile? Nachteile?	Wer sonst könnte die Aufgabe erledigen? Vorteile? Nachteile?	Wer sollte die Aufgabe erledigen?
Methode	Wie wird die Aufgabe erledigt?	Warum wird die Aufgabe so erledigt? Vorteile? Nachteile?	Wie sonst könnte die Aufgabe erledigt werden? Vorteile? Nachteile?	Wie sollte die Aufgabe erledigt werden?
	Empfehlung:			

Wenn Sie Verbesserungen der Arbeitsmethode vorschlagen, sollten Sie

- den Vorschlag skizzieren,
- die damit verbundenen Vorteile aufzeigen (einschließlich Einsparungen bei den Kosten, der Zeit, Energie oder Material usw.),
- einen Umsetzungsplan für den Vorschlag unterbreiten.

Ermuntern Sie jeden Vorschläge zu machen. Ein Vorschlag ist eine konstruktive Idee, die eine der folgenden Fragen mit Ja beantwortet:

- Vereinfacht er betriebliche Abläufe, Methoden, den Arbeitsablauf?
- Eliminiert er Ausschuss, Unfallgefahren, unnötige Routinen?
- Verbessert er den Kundendienst, die Arbeitsbedingungen, die Produktivität?
- Wird dadurch ein neues Verfahren eingeführt, das besser, sicherer, kosteneffektiver ist?
- Bietet er eine Lösung, die verständlich, praktikabel, zeitgemäß ist?

Beschränken Sie sich bei der Suche nach Verbesserungen nicht nur auf Ihren täglichen Arbeitsbereich. Einige andere Bereiche wurden schon im Abschnitt über Kostenüberwachung angesprochen (siehe Seite 71). Weitere Aspekte könnten sein:

- *Arbeitsablauf:* Haben Sie den Arbeitsablauf aller Tätigkeiten erfasst? Wo gibt es Engpässe oder Hindernisse? Welche Verbesserungen sind möglich?
- *Gebäude und benötigter Platz:* Kennen Sie die Kosten? Wie könnte der Platz besser genutzt werden?
- *Anlage und Ausrüstung:* Würden bessere Ergebnisse durch bessere Ausbildung erzielt? Wäre es wirtschaftlicher die Anlage zu mieten bzw. den Bereich an einen Subunternehmer zu vergeben?
- *Transport:* Wie könnten die Kosten reduziert werden?
- *Energie:* Wie hoch sind die Kosten? Eine Studie über Energiesparmöglichkeiten könnte zu bedeutenden Einsparungen führen.

Schließlich bietet *Benchmarking* ein großes Potenzial zur Erhöhung der Produktivität. Beim Benchmarking untersucht man Unternehmen mit ähnlichen Aufgaben wie den eigenen und vergleicht, wertet aus und übernimmt deren beste Verfahren. Außerdem vergleicht man die Leistung der anderen Unternehmen mit der eigenen.

AUFZEICHNUNGEN UND BERICHTE

Aufzeichnungen liefern nicht nur die erforderlichen Informationen für Berichte, ihnen kommt auch bei Planungen und Prognosen eine entscheidende Bedeutung zu. Daher müssen sie aktuell und genau sein. Wer für Aufzeichnungen verantwortlich ist, sollte ihren Zweck genau kennen. Denn werden Aufzeichnungen nicht als erforderlich angesehen, werden sie nicht ernst genommen und die Genauigkeit und die Regelmäßigkeit der Aufzeichnungen werden vernachlässigt. Im Allgemeinen macht man Aufzeichnungen

- zur Information oder als Referenz, z.B. persönliche Angaben wie die Privatadresse,
- um Informationen für den Entscheidungsprozess des Managements zu erhalten, z. B. Zahlen zur Produktion, zur Kostenberechnung oder für den Aufbau einer Datenbank,
- um vom Gesetzgeber verlangte Angaben zu erstellen, z.B. eine Unfallstatistik.

Verwenden Sie für Ihre Aufzeichnungen korrekt vorbereitete und beschriftete Hefte, Formblätter oder Disketten. Sie sollten Ihre Aufzeichnungen nicht mühsam zusammensuchen müssen. Sie müssen nur einmal eine einheitliche Vorgehensweise festlegen. Sprechen Sie mit Ihrem Vorgesetzten über mögliche Veränderungen des Verfahrens.

Berichte sind Teil der Kommunikation, die ein Unternehmen verbindet. Vielleicht müssen auch Sie Berichte erstellen. Deshalb sollten Sie wissen, was verlangt wird. Bei regelmäßigen Berichten nach einem festgelegten Muster kann ein Vordruck mit der Gliederung und Fragen sehr hilfreich sein. Eine einheitliche Gliederung erleichtert das Lesen, man kann Angaben schnell finden und der Vergleich mit vorhergehenden Berichten wird vereinfacht. Achten Sie auch auf einheitliche optische Gestaltung. Eine standardisierte Form kann verwendet werden bei Berichten über die Produktion, Verkäufe, Wartung, Unfälle, eigentlich bei fast allem.

Von Zeit zu Zeit müssen Sie aber wahrscheinlich einen Bericht über ein spezielles Thema schreiben. Die Qualität des Berichtes kann Einfluss darauf haben, ob Ihre Empfehlungen angenommen werden oder nicht.

Meistens hat ein Bericht folgende Form (nummerieren Sie die Absätze, das erleichtert die Bezugnahme):

1. *Aufgabenstellung:*
   Warum wird der Bericht geschrieben?
2. *Einleitung:*
   Hier werden das Problem und die Ursache genannt.
3. *Hauptteil:*
   Hier werden alle relevanten Tatsachen dargestellt.
4. *Schlussfolgerungen,*
   zu denen man gekommen ist.
5. *Empfehlungen.*

Menschen handeln meist um einen Vorteil zu erzielen oder um Verluste zu vermeiden. Die Person, die über Ihre Empfehlung entscheidet, hat dieselbe Motivation. Behalten Sie dies beim Formulieren Ihrer Schlussfolgerung im Hinterkopf.

CHECKLISTE FÜR BERICHTE

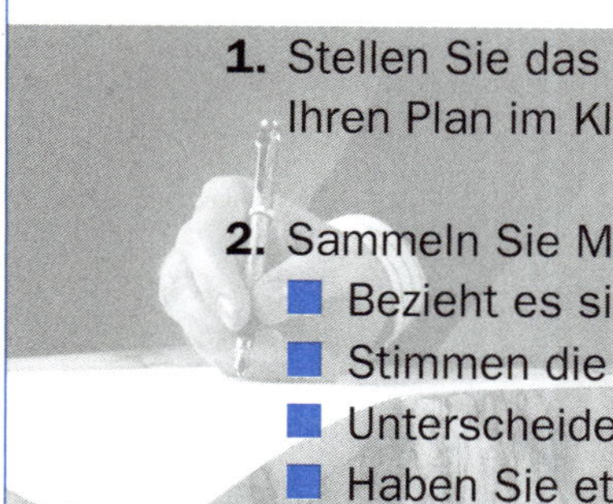

1. Stellen Sie das Problem dar. Sind Sie sich über Ihre Absicht und Ihren Plan im Klaren?

2. Sammeln Sie Material und treffen Sie eine Auswahl:
- Bezieht es sich auf das Thema?
- Stimmen die Angaben?
- Unterscheiden Sie eindeutig zwischen Meinungen und Tatsachen?
- Haben Sie etwas falsch oder übertrieben dargestellt?
- Haben Sie etwas ausgelassen, da es Ihre persönliche Auffassung nicht unterstützt? Dies kann schnell zu einer Falle werden.

3. Bringen Sie das Material in die richtige Reihenfolge:
- Sind die Informationen klar, logisch und verständlich?
- Zeigen Sie mögliche Handlungsalternativen auf?

4. Halten Sie Empfehlungen einfach und klar.

5. Überprüfen Sie den Bericht. Angenommen, Sie lesen den Bericht jetzt zum ersten Mal, wären Sie von der Empfehlung überzeugt? Warum?

In der Hektik des Alltags verschwinden Berichte nicht selten in der Schublade und weitere Schritte werden aufgeschoben. Es gibt aber Wege diesen Ablauf zu durchbrechen:

- Legen Sie Ihrem Bericht einen Zeitplan bei, der zeigt, wie die Empfehlung umgesetzt werden kann.
- Stellen Sie sicher, dass die Person, deren Zustimmung Sie benötigen, nur Ja sagen muss.
- Vereinbaren Sie einen Termin mit dem Entscheidungsträger ungefähr zehn Tage nach Abgabe des Berichtes, um Ihren Vorschlag zu diskutieren. Wenn möglich liefern Sie während dieses Gespräches weitere Argumente für Ihren Vorschlag.

Jede Aufzeichnung und jeder regelmäßige Bericht sollte mindestens einmal im Jahr hinterfragt werden:

- Was wird dadurch erreicht?
- Ist der Bericht noch erforderlich, in derselben Form, mit derselben Häufigkeit?
- Hätte es Nachteile auf den Bericht zu verzichten?
- Wie könnten Berichte vereinfacht werden?

KAPITEL 6

Menschen am Arbeitsplatz

INHALT

- **Auswahl und Einarbeitung neuer Mitarbeiter**
- **Schulung der Fertigkeiten**
- **Kommunikation**
- **Leistungsbeurteilung**
- **Anweisungen**
- **Arbeitgeber-Arbeitnehmer-Beziehungen**
- **Umgang mit Beschwerden**
- **Verhalten bei Konflikten**
- **Abwesenheitsrate und Disziplin**
- **Mitarbeiter mit Teilzeit- oder Zeitverträgen**
- **Zusammenarbeit mit Menschen anderer Kulturen**
- **Zusammenarbeit mit Behinderten**

Bevor sich Menschen für eine Sache engagieren, müssen sie das Ziel und die angestrebten Ergebnisse kennen. Sie wollen wissen, was sie tun und wie sie dabei vorgehen sollen. Die Mitarbeiter müssen in der Lage sein die Aufgabe zu bewältigen und sie müssen es wollen.

AUSWAHL UND EINARBEITUNG NEUER MITARBEITER

Die Auswahl

Sind Sie ganz sicher, dass eine weitere Person benötigt wird, oder können die Aufgaben neu strukturiert oder umverteilt werden? Werden die Kosten eines weiteren Mitarbeiters durch das Arbeitsergebnis gerechtfertigt? Hiervon müssen Sie eventuell Ihren Vorgesetzten überzeugen.

Sie sollten jeden neu zu besetzenden Arbeitsplatz als eine Investition in die Zukunft ansehen und sich bewusst sein, dass von einem neuen Mitarbeiter eventuell erwartet wird, dass er später andere Aufgaben innerhalb des Unternehmens übernimmt.

Wenn es erforderlich ist einen neuen Mitarbeiter einzustellen, muss als Erstes eine *Arbeitsplatzanalyse* erstellt werden, die sowohl den Arbeitsplatz beschreibt (Stellenbeschreibung) als auch ein Anforderungsprofil enthält (Beschreibung des Kandidaten). Prüfen Sie, ob eine möglicherweise bereits vorliegende Arbeitsplatzanalyse noch aktuell ist. Eine solche Analyse könnte folgendermaßen aussehen:

- Werden für diesen Arbeitsplatz besondere Fertigkeiten oder Spezialkenntnisse verlangt?
- Muss der Bewerber diese Fertigkeiten mitbringen oder kann er sie sich am Arbeitsplatz aneignen?
- Gibt es körperliche Anforderungen, z. B. Farbwahrnehmung, manuelle Geschicklichkeit, Beweglichkeit?
- Wird der Bewerber im Team oder allein arbeiten? Hat er Publikumskontakt?
- Welche Erfahrungen sind wünschenswert oder erforderlich?
- Welche persönlichen Eigenschaften sind für die Aufgabe wichtig? Kommunikationsfähigkeit, Computerkenntnisse, Kreativität, Teamfähigkeit oder die Fähigkeit Probleme zu lösen?

Als Nächstes sollten Sie die wichtigsten Eigenschaften benennen, die der Bewerber haben muss, wenn er die erwartete Leistung erbringen soll. Wenn Ihrem Favoriten jedoch eine entscheidende Eigenschaft fehlt, haben Sie drei Möglichkeiten:

- Stellen Sie ihn trotzdem ein und hoffen Sie, dass es gut geht (die Erfahrung lehrt allerdings, dass dies aufgrund der fehlenden Eigenschaft selten der Fall ist).
- Inserieren Sie noch einmal.
- Strukturieren Sie den Aufgabenbereich um, damit er zu den Qualifikationen des besten Bewerbers passt.

Während des Vorstellungsgespräches muss die Kompetenz des Bewerbers für jede entscheidende Voraussetzung geprüft werden, denn wenn Sie eine schlechte Wahl treffen, lässt sich dies nicht durch Fortbildung kompensieren und die Effektivität Ihrer Arbeitsgruppe leidet insgesamt. (Und dies beeinträchtigt Ihren Ruf.)

Häufig fallen Bewerbungsgespräche in den Aufgabenbereich der Geschäftsleitung oder der Personalabteilung. Sie sollten mit Ihrem Vorgesetzten aber absprechen, dass Sie an der Endauswahl beteiligt sind. Der Bewerber wird ein Mitglied Ihrer Arbeitsgruppe sein und es ist daher wichtig, dass er zu Ihnen und den Kollegen passt.

Beim Auswahlverfahren gibt es drei *Schlüsselfragen:*

- Kann diese Person die Arbeit erledigen? (Diese Frage zielt auf die Kenntnisse und Fertigkeiten.)
- Möchte diese Person die Arbeit machen? (Diese Frage spricht die Motivation an.)
- Passt diese Person in die Arbeitsgruppe? (Hier geht es um die Persönlichkeit und die Unternehmenskultur.)

Das Vorstellungsgespräch sollte so aufgebaut sein, dass alle drei Bereiche sorgfältig untersucht werden. Stellen Sie offene Fragen, auf die der Bewerber nicht nur mit Ja oder Nein antworten kann. Die Vorbereitung dieser Fragen kostet Zeit und Überlegungen.

Bei der Überprüfung der erforderlichen Kenntnisse und Fertigkeiten muss berücksichtigt werden, dass sie nicht nur während der Ausbildung, beispielsweise im Studium, oder an den früheren Arbeitsplätzen erworben werden. Menschen können sich Kenntnisse und Fertigkeiten in sehr unterschiedlichen Situationen aneignen, an einem bezahlten Arbeitsplatz ebenso wie bei ehrenamtlicher Tätigkeit. Bei der Beurteilung der Kompetenz sollte diese Tatsache berücksichtigt werden.

Mit dem offiziellen Angebot werden dem erfolgreichen Bewerber die Arbeitsbedingungen, die schriftlich bestätigt werden sollten, und das Aufgabengebiet mitgeteilt. Jede spätere Änderung der Vertragsbedingungen muss neu verhandelt werden.

Nahezu unnötig zu erwähnen: Sie dürfen Bewerber nicht aufgrund des Geschlechts, der Nationalität oder des Glaubens benachteiligen und die Prinzipien der Chancengleichheit müssen beachtet werden.

Die Einarbeitung

Erinnern Sie sich noch an Ihren ersten Arbeitstag? Damals waren Sie ganz allein – gegenüber waren „die Anderen". Und erinnern Sie sich daran, wie lange es gedauert hat, bis aus den Menschen um Sie herum und Ihnen ein Wir wurde? Neuen Mitarbeitern geht es nicht anders.

Der erste Eindruck lässt sich schwer revidieren. Deshalb sind die ersten zwei bis drei Wochen entscheidend. In dieser Zeit muss der neue Mitarbeiter Teil der Arbeitsgruppe werden. Das bedeutet, dass er

- einen klar definierten Arbeitsbereich haben muss, den er als seinen eigenen ansieht und für den er Verantwortung trägt,
- einen Aufgabenbereich haben muss, der ihn voll auslastet und dessen Zweck er kennt,
- einen angemessenen und sicheren Platz zum Arbeiten hat,
- eine gute Einarbeitung erhalten und eine Routine entwickeln muss, die zu seiner vollen Kompetenz führen,
- ein Gehalt erhalten muss, das er für angemessen hält,
- als Person anerkannt werden muss,
- das Gefühl haben muss zur Arbeitsgruppe zu gehören,
- über alle wichtigen Angelegenheiten informiert wird,
- weiß, an wen er sich wenden kann,
- die Möglichkeit hat sein Bestes zu geben und seine Fertigkeiten und Kenntnisse voll einsetzen kann.

Wenn neue Mitarbeiter in diesen Bereichen etwas vermissen, werden sie wahrscheinlich über kurz oder lang das Unternehmen verlassen. Wenn sie trotzdem bleiben, werden sie entweder Mitarbeiter mit Problemen oder problematische Mitarbeiter – in beiden Fällen leidet das Team. Die Bedeutung einer guten Einarbeitung ist daher nicht zu unterschätzen.

Die richtige Einarbeitung eines neuen Mitarbeiters umfasst die sechs folgenden Schritte:

1. *Schaffen Sie eine freundliche Atmosphäre.*
- Grüßen Sie den neuen Mitarbeiter freundlich und nehmen Sie ihm die Befangenheit.
- Zeigen Sie ernsthaftes Interesse an dem neuen Mitarbeiter.
- Erläutern Sie die Aufgaben des Unternehmens, der Gruppe und die Aufstiegsmöglichkeiten.
- Skizzieren Sie die Aufgaben und die Verantwortung des Mitarbeiters.

2. *Erläutern Sie die wichtigen Richtlinien im Unternehmen:*
- Anwesenheit und ihre Erfassung,
- Sicherheitsvorschriften,
- besondere Richtlinien, z. B. für die Arbeit des Teams geltende rechtliche Bestimmungen,
- tarifliche Bestimmungen.

3. *Erläutern Sie die Bezahlung und die Urlaubsbestimmungen:*
- das Gehalt und wie, wann und wo es gezahlt wird,
- Abzüge und Überstunden,
- Urlaubsanspruch.

4. *Führen Sie den neuen Mitarbeiter am Arbeitsplatz ein.*
- Stellen Sie sicher, dass der Arbeitsplatz vorbereitet ist.
- Stellen Sie den neuen Mitarbeiter den Kollegen vor.
- Wählen Sie die richtige Person für die Einweisung.
- Geben Sie dem neuen Mitarbeiter einen Lageplan, aus dem hervorgeht, wo die Büros der Vorgesetzten und andere wichtige Stellen sind.

5. *Geben Sie ihm Arbeit und stellen Sie sicher, dass er*
- weiß, was zu tun ist und weshalb,
- weiß, welcher Standard erreicht werden muss,
- darüber informiert ist, von wo die Arbeit kommt und wohin sie hinterher geht,
- er sinnvoll ausgelastet ist (aus Gründen des Selbstvertrauens sollte die erste Aufgabe ein Erfolg werden).

6. *Stellen Sie Rückfragen um sicherzustellen, dass er*
- gut eingewiesen wird,
- ausgelastet und kompetent ist,
- als Gruppenmitglied akzeptiert wird.

Es ist sinnvoll die einzelnen Schritte auf einer Checkliste zu notieren und die Punkte nach ihrer Erledigung abzuhaken. Bitten Sie den neuen Mitarbeiter die Liste abzuzeichnen. So hat auch er das Gefühl, dass alles abgedeckt ist.

Untersuchungen belegen, dass gut eingewiesene Mitarbeiter mit größerer Wahrscheinlichkeit im Unternehmen bleiben und effektiv arbeiten. Wenn dagegen ein Mitarbeiter kündigt und die Stelle neu besetzt werden muss, machen die geschätzten Gesamtkosten für die Neubesetzung der Stelle (Produktionsausfall, Kosten für Anzeigen und Personalberater, Ausbildung, Einweisung usw.) ungefähr 60% des Jahresgehalts des Mitarbeiters aus. Im gesamtbetrieblichen Kontext ist dies sehr viel Geld.

SCHULUNG DER FERTIGKEITEN

Sie sind für Ihr Team verantwortlich und müssen daher sicherstellen, dass jeder Ihrer Mitarbeiter richtig und angemessen eingewiesen wird, damit er seine Aufgaben erledigen kann und für zukünftige Aufgaben gewappnet ist.

Demzufolge müssen Sie die Arbeitsbereiche besonders aufmerksam betrachten, bei denen Sie Schulungen für erforderlich halten. Dasselbe gilt für schulungsbedürftige Mitarbeiter. Zusammen mit Ihrem Vorgesetzten muss dann entschieden werden, ob Sie die Schulung selbst leiten oder ob auf Unterstützung von außen zurückgegriffen wird (vielleicht auf einen Ausbilder, eine Bildungseinrichtung, spezielle Kursanbieter usw.). Gute Schulungen

- haben genau festgelegte Lernziele hinsichtlich Kenntnissen und Kompetenz,
- sind für die beteiligten Personen relevant,
- sind den Fähigkeiten und Bedürfnissen der Teilnehmer angepasst,
- werden regelmäßig bewertet um sicherzustellen, dass die formulierten Ziele erreicht werden,
- stehen auch bei unerwartetem Bedarf zur Verfügung.

Einfach ausgedrückt umfasst eine Schulung Erläuterungen, Demonstrationen und die Möglichkeit zur Anwendung unter Anleitung. Anders ausgedrückt: Eine Schulung ist eine Vermittlung von Kenntnissen und Fertigkeiten, damit die Menschen die übertragenen Aufgaben kompetent erledigen können. Unterstützung und ständige Auffrischung müssen hinzukommen, damit der erreichte Ausbildungsstand gehalten wird.

Der Schulung müssen bei der betreffenden Person die Bereitschaft und der Wille zu lernen gegenüberstehen. Dabei sind auch äußere Anreize durchaus wirkungsvoll.

Vonseiten des Unternehmens könnte ein Mitarbeiter beispielsweise folgendermaßen angesprochen werden: „Wir haben gemeinsam Ihre Arbeitsziele für das kommende Jahr festgelegt und Sie wissen, dass sich Ihre Leistung in Ihrem Gehalt widerspiegeln wird. Jetzt sagen Sie uns, welche Kurse Sie benötigen um Ihre Ziele zu erreichen.“ Oder: „Wenn Sie nicht bereit sind in Ihr eigenes berufliches Fortkommen zu investieren, warum sollten wir es tun? Ihre Zukunft liegt in Ihren Händen.“

Führungskräfte sollten jede Gelegenheit beim Schopfe packen Mitarbeiter zur Teilnahme an Seminaren oder am Fernunterricht zu ermuntern und sie ermutigen sich selbstständig nach Weiterbildungen zu erkundigen und Problemlösungen zu finden.

Der Begriff *Work Based Learning (Lernen am Arbeitsplatz)* gewinnt zunehmend an Bedeutung. Unter dem Konzept versteht man einen strukturierten und integrierten Lernansatz, der Lernprozesse am Arbeitsplatz und unabhängig vom Arbeitsplatz verknüpft und sowohl die Ziele des Unternehmens als auch individuelle Ziele berücksichtigt. Dieser Ansatz resultiert aus der Besorgnis über das unübersehbare Missverhältnis zwischen einem großen Anteil ungelernter Arbeitnehmer und den immer komplexer werdenden Anforderungen am Arbeitsplatz. Er berücksichtigt die individuelle Entwicklung, verknüpft diese mit geplanten Erfahrungen am Arbeitsplatz, Training-on-the-Job sowie Weiterbildung unabhängig vom Arbeitsplatz und bezieht dabei die früheren Erfahrungen ein. Bei diesem Ansatz sind Arbeitgeber und Bildungseinrichtungen gefordert aufeinander zuzugehen und neue Wege zu finden. Das wird sich auch in der Entwicklung der individuellen Lernprogramme widerspiegeln. Work Based Learning steckt noch in den Anfängen, es ist aber wahrscheinlich, dass es den traditionellen Schulungsansatz grundlegend verändern wird.

Fertigkeiten und Kenntnisse, die auf Schulungen oder Lernsituationen zurückgehen und messbar sind, werden als *Fähigkeiten* bezeichnet. Die Umsetzung dieser Fähigkeiten am Arbeitsplatz macht die *Kompetenz* aus. Diese beiden Begriffe sollten nicht durcheinander gebracht werden.

Die Aus- und Weiterbildung erfolgt entweder ungeplant oder geplant. Beide Methoden kosten Geld. Ein geplantes Vorgehen ist allerdings wesentlich billiger und gleichzeitig effektiver, wie die beiden folgenden Beispiele zeigen.

Angenommen, der neue Mitarbeiter verdient 900 DM pro Woche und die Einarbeitung dauert bei ungeplantem Herangehen drei Wochen:

Abb. 6.1 **Ausbildung in drei Wochen**

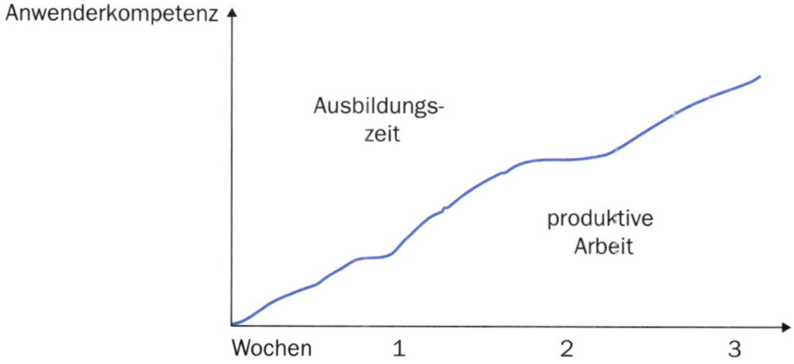

direkte Lohnkosten für 3 Wochen	2 700,00 DM
geschätzte direkte Kosten für persönliche Beaufsichtigung	670,00 DM
	3 370,00 DM
Ausbildungskosten	1 685,00 DM
Investition in produktive Arbeit	1 685,00 DM

Angenommen, der Mitarbeiter ist bei einer geplanten, systematischen Ausbildung binnen einer Woche in der Lage produktiv zu arbeiten:

Abb. 6.2 **Ausbildung in einer Woche**

direkte Lohnkosten für 3 Wochen	2 700,00 DM
geschätzte direkte Kosten für persönliche Ausbildung und Beaufsichtigung	224,00 DM
	2 924,00 DM
Ausbildungskosten	487,33 DM
Investition in produktive Arbeit	2 436,67 DM

Durch eine geplante Einarbeitung werden im zweiten Beispiel 751,67 DM mehr in produktive Arbeit investiert und der Bedarf an Beaufsichtigung während der ersten drei Wochen ist geringer. Oder man könnte ohne Mehrkosten bis zu 1 197,67 DM (1 685,00 DM – 487,33 DM) für eine speziell auf diese Person zugeschnittene Einarbeitung ausgeben. Je kürzer die Zeitspanne für eine systematische Einarbeitung ist, desto höher sind die Ersparnisse.

Geplante Einarbeitung

Eine geplante Einarbeitung umfasst vier Stufen:

1. *Bestimmung der Inhalte der Einarbeitung und des erwarteten Standards*
Für jeden einzelnen Arbeitsgang wird ein Leistungsstandard definiert und die Einarbeitung zielt darauf ab, diesen Standard zu erreichen. Mit jeweils zusätzlich beherrschten Arbeitsgängen können Lohnerhöhungen verbunden sein. Der Leistungsstandard, der bei jedem Arbeitsgang erwartet und bei normalen Fortschritten auch erreicht wird, nimmt kontinuierlich zu.

Eine Aufgabe lässt sich sehr gut analysieren, indem man sie in ihre Komponenten unterteilt und dann entscheidet, welche Fertigkeiten für die jeweiligen Arbeitsschritte benötigt werden:
0 = keine Kenntnisse oder Fertigkeiten erforderlich,
1 = geringe Kenntnisse oder Fertigkeiten erforderlich,
2 = gute Kenntnisse oder Fertigkeiten erforderlich,
3 = umfassende und genaue Kenntnisse oder Fertigkeiten erforderlich.

Abb. 6.3 Tabelle zur Bewertung von Kenntnissen und Fertigkeiten

Aufgabe		ungelernte Arbeiter	angelernte Arbeiter	Facharbeiter	Vorarbeiter	Polier
Bestandteile der Aufgabe	A	1	2	2	3	3
	B	0	0	1	2	3
	C	0	2	3	3	3
	D	1	1	2	3	3
	E	1	2	2	3	3

Die Analyse zeigt, welche Fertigkeiten oder Kenntnisse eine Arbeitsgruppe an einem bestimmten Punkt haben muss. Wird dann noch, wie auf Seite 96 beschrieben, eine Tabelle mit den Fertigkeiten der einzelnen Mitarbeiter erstellt, kann der Bedarf an individuellem Training bestimmt werden.

2. *Vermittlung der erforderlichen Fertigkeiten*

Aus- und Weiterbildung kann am Arbeitsplatz oder auch unabhängig davon in Bildungseinrichtungen oder Lehrwerkstätten erfolgen, als Gruppen- oder Einzelunterricht. In jedem Fall ist es wichtig, dass Sie als Gruppenleiter die Ausbildung unterstützen und voll und ganz darüber informiert sind. Denn Sie müssen die Anwendung der Fertigkeit überwachen und sind für die Ergebnisse verantwortlich.

Beim Training-on-the-Job kann ein *Arbeitsblatt* – auch didaktisch – sehr hilfreich sein. Ein Arbeitsblatt zählt in logischer Reihenfolge die einzelnen Arbeitsschritte auf, aus denen sich eine bestimmte Aufgabe zusammensetzt. Es beschreibt Standardabläufe. Arbeitsblätter können ein Zusatz zur Arbeitsplatzbeschreibung sein oder ein einfacher „Spickzettel“.

Wenn Arbeitsblätter verwendet werden,

- müssen mündliche Anweisungen weniger häufig wiederholt werden,
- reduzieren sich für den Gruppenleiter die Unterbrechungen der eigenen Arbeit,
- verkürzt sich die Lernzeit,
- werden standardisierte Methoden vermittelt,
- können Fehlerursachen schnell erkannt werden,
- wird jeder Arbeitsschritt einzeln und in der richtigen Reihenfolge vermittelt.

Arbeitsblätter bestehen aus drei aufeinander abgestimmten Bereichen:

- Was muss gemacht werden?
- Wie wird es gemacht?
- Warum wird es so gemacht?

Abb. 6.4 **Beispiel eines Arbeitsblattes**

Arbeitsblatt		
Aufgabe: Wechseln eines Autoreifens		
Hauptschritte Was muss gemacht werden?	*Wichtige Punkte* Wie wird es gemacht?	*Gründe* Warum wird es so gemacht?
1. Abschalten des Motors	Zündung	Sicherheit
2. Gang einlegen	1. Gang	damit sich das Auto nicht bewegt
3. Räder blockieren	Stein oder Bremsklotz	damit das Auto nicht wegrollt
4. Werkzeug herausnehmen	Ersatzreifen prüfen, Wagenheber, Radmutternschlüssel, Schraubenschlüssel	
5. Radkappe entfernen	mit Schraubenschlüssel	
6. Radmuttern lösen	eine volle Drehung	damit man den Reifen später leichter entfernen kann
usw.		

Beachten Sie:

- Jeder Schritt bringt die Arbeit weiter.
- Wenn die Aufgabe bestimmte Gefahrenelemente birgt, sollte eine weitere Spalte „Risiken“ hinzugefügt werden.
- Bei einer internationalen Belegschaft muss das Arbeitsblatt eventuell in verschiedenen Sprachen vorliegen.
- Diagramme, Tabellen oder Piktogramme sind häufig eindeutiger als Worte.
- Alle Standardabläufe in sämtlichen Bereichen können so vermittelt werden.
- Ausgangspunkt und Präsentation sollten dem Niveau der Lernenden angepasst sein.

Man kann dem Mitarbeiter nicht einfach das Arbeitsblatt in die Hand drücken und eine fehlerfreie Ausführung der Aufgabe erwarten. Eine richtige Einweisung durch einen kompetenten Kollegen ist erforderlich. Eine bewährte Methode sieht folgendermaßen aus:

- Wecken Sie Interesse an der Aufgabe. Seien Sie unbefangen und nehmen Sie auch dem Lernenden die Befangenheit. Erläutern Sie, weshalb die Aufgabe wichtig ist.
- Erläutern Sie die Aufgabe. Erklären Sie, was zur Aufgabe gehört. Finden Sie heraus, was die andere Person schon weiß. Stellen Sie sicher, dass der Lernende beobachten kann, was Sie tun.
- Demonstrieren Sie die Methode. Verwenden Sie ein Arbeitsblatt oder andere Aufzeichnungen. Geben Sie die erforderlichen Informationen in logischer Reihenfolge. Betonen Sie, worauf geachtet werden muss. Seien Sie locker und geben Sie nicht mehr Informationen als aufgenommen werden können. Ermuntern Sie zu Fragen. Wiederholen Sie den Arbeitsschritt erforderlichenfalls.
- Bewerten Sie die Leistung. Lassen Sie den Lernenden die Aufgabe erledigen, Schritt für Schritt. Verbessern Sie Fehler. Lassen Sie die Aufgabe wiederholen, wobei der Lernende bei jedem Schritt sagen soll, weshalb etwas so gemacht wird. (Dies ist der wichtigste Schritt, denn hier zeigt sich, ob er die Arbeit verstanden hat.) Lassen Sie die Aufgabe so lange wiederholen, bis Sie sicher sind, dass der Lernende sie beherrscht.
- Überprüfen Sie den Mitarbeiter von Zeit zu Zeit und helfen Sie ihm weiter. Lassen Sie ihn aber die Arbeit machen. Sagen Sie ihm, an wen er sich wenden kann, wenn er Hilfe benötigt. Überprüfen Sie die Arbeit, bis beide Seiten zufrieden sind.

Jeder einzelne Schritt ist wichtig und muss beendet sein, bevor man sich dem nächsten zuwendet.

Einweisungen in eine neue Aufgabe, bei denen man sich Schritt für Schritt an obige Ausführungen hält, sind äußerst effektiv. Die Anweisungen müssen sich aber auf jeden Fall an dem betreffenden Mitarbeiter und seinem Lernverhalten orientieren. Beispielsweise werden ältere Arbeitnehmer ihre Einweisung zu ihren bisherigen Berufserfahrungen und zu ihrem Sozial- und Arbeitsverhalten in Beziehung setzen. Junge Arbeitnehmer müssen womöglich zum Lernen ermuntert werden.

Etwas auswendig zu lernen oder sich einzuprägen ist nicht unbedingt der beste Weg um etwas zu lernen. Vielleicht ist es besser, wenn man den

Lernenden jeden Schritt selbst ausprobieren lässt, damit er von sich aus auch den nächsten Schritt lernen möchte.

Berücksichtigen Sie auch immer, dass der neue Arbeitnehmer von Anfang an den erforderlichen Leistungsstandard erreichen soll. Bestehen Sie auf diesem Standard. Tempo kommt durch Übung, ein bestimmter Standard allerdings selten.

Eine Alternative zum Arbeitsblatt ist ein Merkblatt mit einer einfachen Herangehensweise. Im folgenden Beispiel geht es um die Warenauslage in einem Supermarkt.

Abb. 6.5 Beispiel eines Merkblattes

Zweck

- die Aufmerksamkeit der Kunden erwecken,
- den Verkauf fördern.

Ausrüstung

- Stift zum Auszeichnen, Lagerliste, Preisetiketten, Einkaufswagen, Lagerbestand.

einzelne Schritte

- Lagerbestand aus dem Lager holen,
- sicherstellen, dass alle Artikel richtig ausgezeichnet sind,
- Regale auffüllen, Waren stapeln oder hinlegen, alten Bestand nach vorn oder nach oben, Etiketten nach vorn zum Kunden, beschädigten Bestand entfernen.

Test

- Kunden können schnell und einfach erkennen, um welche Waren es sich handelt, was sie bieten und wie teuer sie sind.

Abb. 6.6 **Ausbildungsrichtlinie, Arbeitsblatt**

Aufgabe: ______________________ Abteilung: ______________________

Ziel: ______________________

Was? (Jeder Schritt bringt die Aufgabe eine Stufe weiter.)	*Wie?* (Handlungen)	Warum? (Gründe)

Methode	*Feed-back*
Vorbereitung	
◆ Erläutern, welchen Zweck die Aufgabe hat.	◆ Herausfinden, wie viel der Lernende bereits weiß.
Demonstration	
◆ Der Ausbilder demonstriert die Aufgabe und beantwortet die Fragen: *Was? Wie? Warum?*	◆ Der Lernende beobachtet.
Beschränktes Ausprobieren	
◆ Der Ausbilder erledigt die Aufgabe, während der Lernende die Fragen beantwortet: *Was? Wie? Warum?*	◆ Der Ausbilder korrigiert eventuelle Fehler bei den Erläuterungen.
Ausprobieren	
◆ Der Lernende demonstriert und beantwortet die Fragen: *Was? Wie? Warum?*	◆ Der Ausbilder beobachtet, stellt Fragen und hilft.
Unterstützung am Arbeitsplatz	
◆ regelmäßige Überprüfungen	◆ Beobachtung ◆ Fragen

Ein sehr gutes Training ist es auch, sich auf Krisen vorzubereiten. Wenn Ihre Arbeitsgruppe das nächste Mal mit einer Krise konfrontiert ist, verhalten Sie sich wie immer. Sobald die Krise aber überstanden ist und die Dinge wieder ihren normalen Gang gehen, setzen Sie sich mit den beteiligten Personen zusammen und nehmen Sie sich Zeit die folgenden drei Fragen zu diskutieren:

- Was hat sich ereignet?
- Wodurch war es verursacht?
- Was können wir daraus lernen?

Da es sich bei der Krise nicht nur um ein Denkmodell gehandelt hat, hat der Lernerfolg eine reale Bedeutung. Dies muss sich im Handlungsplan widerspiegeln.

3. *Auswertung der Effektivität einer Schulung*

Schulungen kosten Geld, das natürlich sinnvoll angelegt sein soll. Es ist daher wichtig vor Beginn jeder Schulung festzulegen, was die Teilnehmer am Ende der Schulung gelernt haben sollen. Man kann die Effektivität einer Schulung nur auswerten, wenn die Ausbildungsziele genau formuliert worden sind.

Nach Beendigung der Schulung sollten Sie mit den Teilnehmern und Ihrem Vorgesetzten besprechen, was die Schulung den Betreffenden gebracht hat. Dadurch wird sichergestellt, dass die neu erworbenen Fertigkeiten und Kenntnisse richtig eingesetzt werden. Außerdem zeigt sich womöglich ein Bedarf an Weiterbildung in anderen Bereichen. Dies kommt nicht selten vor.

Die Teilnehmer schwärmen in der Regel von den während der Schulung gemachten Erfahrungen und Sie als Gruppenleiter sollten versuchen diesen Enthusiasmus zu fördern und die Teilnehmer ermuntern sich weitere Kenntnisse anzueignen.

Stellen Sie sich folgende Fragen:

- Welches sind Ihre besten Mitarbeiter? Was zeichnet sie aus? Was lernen Sie daraus?
- Welches sind die am wenigsten kompetenten Mitarbeiter? Können Sie für jeden von ihnen ein Schulungsprogramm entwickeln, durch das der Mitarbeiter z. B. innerhalb von zwei Monaten einen höheren Standard erreicht?

4. *Führen von Weiterbildungsakten*

In jedem Unternehmen sollte die Teilnahme an Weiterbildungen festgehalten werden. Es kann jedoch äußerst nützlich sein selbst eine einfache Aufzeichnung der Weiterbildungsmaßnahmen der eigenen Mitarbeiter zu führen. Darin sollten besuchte oder geplante Schulungen, Zuweisung von Lernenden an andere Mitarbeiter oder die zeitweilige Versetzung für Ausbildungszwecke aufgeführt werden.

KOMMUNIKATION

Ihre Effektivität als Gruppenleiter und als Mensch hängt stark davon ab, wie gut Sie kommunizieren. Nicht was Sie Ihren Mitarbeitern sagen, ist die Botschaft, sondern was die anderen hören und verstehen. Sie benötigen daher ein Feed-back um zu wissen, ob Ihre Botschaft richtig verstanden worden ist. Wenn Sie nicht die gewünschte Reaktion erhalten, müssen Sie eventuell die Art der Kommunikation ändern. Gute Kommunikation zeichnet sich durch folgende Eigenschaften aus:

- Sie wissen, was Sie sagen möchten.
- Sie übermitteln es auf dem effektivsten Weg.
- Sie stellen sicher, dass die Botschaft empfangen und auch verstanden worden ist.
- Sie hören auf Bedeutungsnuancen.

Bemühen Sie sich immer zuerst um das Verstehen und dann um das Verstanden-Werden.

Mindestens ein Drittel aller Tarifkonflikte und Arbeitsniederlegungen wird durch einen Mangel in der Kommunikation verursacht. Kommunikationsprobleme verursachen auch für Gruppenleiter mehr Probleme als alle anderen Bereiche.

> **Ihre Beziehungen sind nur so gut wie Ihre Kommunikation.**

Wenn Ihre Mitarbeiter nicht die Unternehmensziele kennen, wie sollen sie sich dann dafür engagieren? Wenn Ihre Mitarbeiter nicht wissen, ob und welche Fortschritte erzielt werden, warum sollten sie sich dann darüber Gedanken machen?

„Von meinem Standpunkt aus" – diese Formulierung sollten Sie im Kopf behalten. Wir sehen jede Situation vor dem Hintergrund unserer Stellung, Erfahrung, unseres Wertesystems und unserer Erwartungen. Andere sehen dieselbe Situation aus ihrer Perspektive aber vielleicht vollkommen anders. Wenn Sie sich über diese Unterschiede Klarheit verschaffen, indem Sie beispielsweise fragen: „Von meinem Standpunkt sehe ich die Situation folgendermaßen … Sehen Sie das auch so?", lassen sich viele Missverständnisse und Konflikte vermeiden.

Gute Kommunikation ist klar, exakt, richtig, vollständig, höflich und wird kontinuierlich aufrechterhalten. Geglückte Kommunikation zeigt sich an Aufmerksamkeit, Verständnis, Annahme und Ergebnissen. Sie wird überprüft durch das Feed-back.

In Ihrer Position sind Sie für die Kommunikation in vier Richtungen verantwortlich:

1. *Zum Management:* Entscheidungen werden auf der Basis von Fakten getroffen und Ihr Vorgesetzter erwartet von Ihnen, vollständig über folgende Bereiche informiert zu werden:

- Bereiche, in denen er Berichte erstellen oder selbst Entscheidungen treffen muss,
- Angelegenheiten, die zu Auseinandersetzungen führen könnten,
- Trends, Einstellungen und Arbeitsmoral.

2. *Zu Ihren Mitarbeitern:* Ihre Mitarbeiter wollen über Angelegenheiten informiert sein, die sie betreffen oder die sie interessieren. Gute Kommunikation verbindet ein Team.

3. *Zu anderen Gruppenleitern:* Ihr Team ist Teil des gesamten Unternehmens und wenn die Gesamtziele erreicht werden sollen, müssen die Gruppen gut zusammenarbeiten und sich gegenseitig über Fakten und Trends informieren.

4. *Zu Kunden und zur Öffentlichkeit:* Informationen und ein ausgezeichneter Kundendienst sind die Hauptforderungen der Kunden. Hier muss sich das Unternehmen von seiner besten Seite zeigen und Ihnen kommt dabei eine Schlüsselposition zu.

Damit ist eine große Verantwortung verbunden, denn Sie müssen nicht nur Fakten, Ideen und Vermutungen weiterleiten. Es kann Ihnen aufgrund Ihrer Position als Mittler auch passieren, dass Sie Unterhaltungen – bewusst oder unbewusst – filtern, sodass die Botschaft, die dann weitergeleitet wird, verdreht, verkürzt oder ausgeschmückt wird und das Ergebnis nicht mehr der ursprünglichen Absicht entspricht.

Zuhören

Eine Ihrer Hauptaufgaben ist es, zuzuhören. Dies ist nicht einfach.

- Unterbrechen Sie nicht.
- Stellen Sie keine Vermutungen an.
- Stellen Sie Fragen, damit die Bedeutung klarer wird.
- Reagieren Sie nicht übereilt.
- Hören Sie sich alles an. Stellen Sie sich nicht auf den Standpunkt: „Ich habe mir bereits eine Meinung gebildet, zusätzliche Informationen würden mich nur verwirren."

Indem man zuhört, zeigt man sein Interesse. Zuhören ist Voraussetzung für Verstehen. Nicht jeder ist eloquent und Wörter sind nur Anhaltspunkte für die wahre Botschaft. Zuhören ist ein aktiver Prozess und bedeutet zu hören, zu deuten, einzuschätzen und zu reagieren.

Gute Zuhörer sind dem Sprecher und der Botschaft gegenüber unvoreingenommen. Zuhören ist nicht wertend. Am erfolgreichsten und wirkungsvollsten ist *aktives Zuhören.* Aktives Zuhören verringert Konflikte, löst Spannungen und unterstützt die andere Seite. Beim aktiven Zuhören wiederholt der Zuhörer den Inhalt der Aussage und/oder die Gefühle, die der Andere empfindet, in einer Art und Weise, die Verständnis und Akzeptanz zum Ausdruck bringt.

Dadurch wird der Sprecher ermutigt fortzufahren. Durch das Feed-back entsteht außerdem eine Pause, in der die Aussage und die Bedeutung reflektiert werden können. Der Zuhörer versucht nicht, die Diskussion zu leiten oder zu lenken, sondern er unterstützt beim Aufspüren der wahren Gründe, ermutigt sein Gegenüber von den Symptomen zu den Ursachen zu kommen und ein konstruktives Vorgehen zu entwickeln.

Zum aktiven Zuhören gehört viel Übung, aber die Mühe lohnt sich. Beginnen Sie damit, sich beim Zuhören zu fragen: „Wie würde ich mich fühlen, hätte ich diese Erfahrungen gemacht?" Und noch ein Tipp in diesem

Zusammenhang: Behandeln Sie Ihre Mitarbeiter so, als arbeiteten sie freiwillig für Sie. Dann hören Sie ihnen wirklich zu.

Einsichtige Menschen sind gewöhnlich einer Meinung, vorausgesetzt beide Seiten wissen genau, worüber sie reden. Sie bemühen sich keine Kommunikationsbarrieren entstehen zu lassen, die den Sinn der Botschaft verdrehen könnten. Die *Betonung* spielt dabei eine wichtige Rolle. Wenn Sie jemanden fragen: „Was machen Sie da?“, werden Sie vermutlich eine klare Antwort bekommen. Fragen Sie allerdings: „Was *machen* Sie da?“, wird sich Ihr Gegenüber angegriffen fühlen und auf diesen Angriff reagieren statt über die eigentliche Frage nachzudenken.

Wenn Sie das nächste Mal mit zwischenmenschlichen Problemen konfrontiert oder selbst involviert sind, prüfen Sie zuerst, ob es sich um ein Missverständnis handelt und ob ein Kommunikationsfehler vorliegt. Höchstwahrscheinlich ist dies die Ursache.

Zuhören bedeutet häufig, Fragen zu stellen, damit man Klarheit erhält. Menschen neigen dazu, zu verallgemeinern, indem sie Wörter benutzen wie „immer“, „nie“, „jeder“. Hinterfragen Sie diese Verallgemeinerungen mit „immer?“, „nie?“, „jeder?“ und durch Fragen wie „Wer hat das gesagt?“, „Was wurde tatsächlich gesagt?“, „Was war damit gemeint?“, „Woher wusste man das?“ Ansonsten können Sie leicht unvollständige oder verdrehte Informationen weitergeben. Verallgemeinerungen sind Anzeichen für nachlässiges Denken!

Mitarbeiterbesprechungen

Immer mehr Unternehmen haben 5-Minuten-Besprechungen zu Beginn des Arbeitstages eingeführt, bei denen die Ergebnisse des vorhergehenden Arbeitstages, die heutigen Anforderungen und andere Belange von allgemeinem Interesse besprochen werden. Auch Kommunikation wird, ob geplant oder nicht, unausweichlich ein Thema bei den Mitarbeiterbesprechungen werden. Besprechen Sie Kommunikationsprobleme ganz explizit, und zwar Schwierigkeiten mit anderen Arbeitsgruppen oder Kunden, aber auch Probleme innerhalb des Teams. Neben den Ursachen sollten auch mögliche Lösungen und Strategien für die Zukunft besprochen werden.

Management-Informationssystem

Man erwartet von Ihnen, dass Sie effektiv arbeiten. Wissen Sie,

- welche Informationen Sie dafür benötigen,
- wie häufig Sie sie benötigen,
- in welcher Form sie vorliegen müssen,
- wie Sie sie nutzen werden?

Man unterscheidet Informationen für Planungszwecke und Kontrollinformationen. *Informationen für Planungszwecke* berühren verschiedene Unternehmensbereiche, sie zeigen Trends und lange Planungsabschnitte. Nichtfinanzielle Daten sind wichtig. Einzelheiten bleiben noch unberücksichtigt. Diese Informationen sind wichtig für die Zukunft.

Kontrollinformationen folgen den betrieblichen Instanzen. Sie betreffen kurze Planungsabschnitte. Finanzielle Daten sind wichtig. Sie sind sehr genau und auf einen zurückliegenden Zeitraum ausgerichtet.

Das Informationsmanagement kann durch den Einsatz von Computern erleichtert werden, die Ihre Arbeit effektiver machen können. Computerfachleute sollten Ihre Anforderungen analysieren und mögliche Lösungswege aufzeigen. Wenn Sie noch nicht darüber verfügen, sollten Sie eine solche Studie erstellen lassen. Aber bedenken Sie: Sie suchen eine einfache Lösung, die exakt arbeitet, kein hoch kompliziertes System.

Öffentlichkeitsarbeit

Kennen Sie die Antworten auf folgende Fragen?

- Wissen Sie, was Ihre Mitarbeiter über das Unternehmen denken? Woher wissen Sie das? Ist es wichtig, was sie denken?
- Kennen Ihre Mitarbeiter die Ziele des Unternehmens? Haben sie sie – entweder ganz oder teilweise – übernommen?
- Wissen Sie, woran Ihre Mitarbeiter interessiert sind? Sagen sie es Ihnen? Was geschieht dann?
- Wie gut sind Ihre Kunden, Aktionäre und die Öffentlichkeit über die Unternehmensziele informiert?
- Woher wissen Sie, wie gut die Telefonzentrale, der Empfang und der Schalterdienst arbeiten? Ist der Service der zweiten Schicht genauso gut?

Denken Sie daran: Unzufriedene Mitarbeiter und Kunden schaden dem Unternehmen! Untersuchungen haben gezeigt, dass ein zufriedener Kunde einer weiteren Person darüber berichtet, ein unzufriedener Kunde erzählt dies mindestens elf anderen Personen.

Ein Netzwerk

Wissen ist Macht. In Ihrem Fachgebiet und in angrenzenden Bereichen sollten Sie ein Netzwerk persönlicher Kontakte aufbauen. Sie müssen mit der technischen Entwicklung und den Anwendungsbereichen Schritt halten. Daher ist der Informationsaustausch wichtig. Wenn Sie einen Fachartikel lesen, der Sie beeindruckt, schreiben Sie dem Autor einfach einen Brief – in der Regel wird er beantwortet.

Für Menschen, die beruflich vorankommen wollen, ist ein gut ausgebautes Netzwerk unentbehrlich.

Verhandlungen

Im Folgenden sind Verhandlungen als Teil der täglichen Kommunikation gemeint, keine juristischen Auseinandersetzungen.

Unter Verhandlung versteht man Beratung mit dem Ziel eine Angelegenheit in gegenseitigem Einvernehmen zu regeln. Durch Verhandlungen ändert sich das Verhalten und Parteien mit eventuell unterschiedlichen Zielen finden eine Ebene, auf der sie kooperieren wollen. Verhandlungserfolg hängt von folgenden Faktoren ab:

- Die Angelegenheit ist verhandelbar.
- Die Verhandlungsführer sind in der Lage Schritt für Schritt Zugeständnisse zu machen.
- Ein Mindestmaß an gegenseitigem Vertrauen ist vorhanden.

Jede Partei sollte über die Position der anderen Parteien in folgenden Bereichen informiert sein:

- Hauptziele,
- Fakten und Erfordernisse,
- Zeit, Terminvorgaben,
- Macht (wer hat sie, wer trifft Entscheidungen?).

Alle Verhandlungsparteien sollten am Ende einige ihrer Forderungen erfüllt sehen. Ziel sollte ein beiderseitiger Gewinn sein. Gewinnt eine Partei und die andere verliert nur, ist die Angelegenheit wahrscheinlich nicht endgültig gelöst und beim nächsten Mal wird es schwieriger eine Lösung zu finden.

Als Erstes müssen Sie sich über Ihre Ziele klar werden. Dabei sollten Sie unterscheiden zwischen Forderungen, von denen Sie nicht abrücken können, und wünschenswerten Zielen. Letztere sind Ihre Verhandlungsmasse, Erstere müssen Sie eventuell während der Verhandlungen prüfen und neu bestimmen.

Vier Strategien sind bei den meisten Verhandlungen sinnvoll:

- Trennen Sie Personen und Probleme. Greifen Sie die Person an, lösen Sie Emotionen aus; das eigentliche Thema geht unter und wird zweitrangig.
- Interessen sind wichtiger als Standpunkte. Erkennen Sie die Interessen, die in das Problem hineinspielen, und konzentrieren Sie sich auf Informationen, die damit zusammenhängen. Suchen Sie Angaben, die Ihre Position untermauern.
- Entwickeln Sie so viele Optionen wie möglich, bevor Sie eine Entscheidung treffen. Stellen Sie fest, wo unterschiedliche Meinungen zwischen den Verhandlungspartnern herrschen. Diese Unterschiede können den Weg zu einer Lösung weisen.
- Akzeptieren Sie nur Lösungen, mit denen Sie leben können, und keine unter Druck zu Stande gekommenen Entscheidungen.

Eine gute Verhandlungsführung erfordert beachtliche Fertigkeiten. Wenn das in Ihren Aufgabenbereich fällt, sollten Sie sich in Verhandlungsführung und -taktik unterweisen lassen.

Team Briefing

Beim Team Briefing handelt es sich um eine Reihe geplanter Sitzungen, im Rahmen derer Informationen von der Geschäftsleitung an die Basis und von der Basis an die Geschäftsleitung weitergegeben werden. Sie sollen flexibel sein, genaue Informationen liefern und besser funktionieren als die Gerüchteküche. Möglichst alle Mitarbeiter sollten an diesen Treffen teilnehmen. Die Treffen sollten regelmäßig – möglichst einmal im Monat – stattfinden und nicht länger als 30 Minuten dauern.

Die weitergegebenen Informationen betreffen gegenwärtige und zukünftige Aktivitäten, die Firmenpolitik, Mitarbeiter und Tätigkeitsfelder.

Das Konzept des Team Briefings sieht vor, dass während einer Sitzung der Geschäftsführung entschieden wird, welche Informationen an die Basis weitergegeben werden. Jede Führungskraft verwendet diese Punkte dann als Tagesordnung für die Diskussion mit ihren Abteilungsleitern, von denen dann wiederum jeder eine Sitzung mit seinen Gruppenleitern einberuft, die sich dann anschließend mit ihren Mitarbeitern zusammensetzen. Die Reaktionen der Mitarbeiter werden in umgekehrter Richtung wieder nach oben weitergeleitet. Auf jeder Ebene können weitere wichtige Punkte hinzugefügt werden.

Das Konzept ist gut; damit Team Briefing aber erfolgreich ist, muss es von der Unternehmensführung unterstützt werden, ihr Bekenntnis zu dem Konzept ist entscheidend. Eventuell muss man sich eines Mittlers bedienen um sicherzustellen, dass das Konzept wie geplant funktioniert.

Weitere Schwierigkeiten bestehen darin, dass Manager nicht selten dazu tendieren, Informationen auszulassen, die sie nicht weiterleiten wollen, und dass der Informationsfluss von der Basis zur Geschäftsleitung häufig nicht gut funktioniert.

Wenn Team Briefing bei Ihnen im Unternehmen nicht umgesetzt wird, dann erwarten Ihre Mitarbeiter, dass sie die benötigten Informationen von Ihnen bekommen.

CHECKPOINT 1

Wissen Sie, was Sie sagen wollen? Welche Reaktionen erwarten Sie, nachdem Sie gesagt haben, was Sie beabsichtigten? Wie könnte Ihre Botschaft auch interpretiert werden? Kann man Sie missverstehen? Falls dies der Fall ist, wie könnten Sie das verhindern? Ist Ihre Botschaft vollständig, genau und der jeweiligen Situation angemessen? Sagen Sie den Zuhörern, was sie wissen müssen? Erhalten Sie ein Feed-back darüber, ob die Botschaft verstanden worden ist? Hören Sie den anderen wirklich zu? Woher wissen Sie das? An welchen Punkten hatten Sie zuletzt Kommunikationsprobleme? Woran lag das? Könnte sich das wiederholen?

LEISTUNGSBEURTEILUNG

Leistungsbeurteilungen sollten sich befassen mit

- der Stärkung des Unternehmens,
- der Beurteilung der augenblicklichen Leistung im Vergleich zu den festgelegten Zielen,
- der Weiterentwicklung von Mitarbeitern, sodass sie den zukünftigen Anforderungen des Unternehmens entsprechen können,
- der Unterstützung jedes Mitarbeiters, damit er sein Potenzial entfalten kann,
- der Beantwortung von zwei Fragen, die jeder immer wieder stellt: „Wie gut mache ich meine Arbeit?", „Welche Aufstiegschancen gibt es?"

Wie Leistungsbeurteilungen in der Praxis aussehen, hängt vom jeweiligen Unternehmen ab. Häufig macht man sich falsche Vorstellungen von den Beurteilungen und Leistungsüberprüfungen. Für einige bedeuten diese Begriffe die jährliche Mitarbeiterbeurteilung unter allgemeinen Prämissen. Andere sehen darin – und dies ist vielleicht realistischer – den Versuch die tatsächliche Leistung anhand der am Jahresanfang aufgestellten persönlichen Ziele und der Unternehmensziele zu bewerten. Dabei sollten die Ziele in der Zwischenzeit regelmäßig überprüft werden, sodass sichergestellt ist, dass die Ziele noch aktuell sind und die Leistungen den Anforderungen entsprechen.

Leistungsbeurteilungen sollten aber mehr sein. In vielen Fällen muss das Ziel der Beurteilung neu definiert werden:

- Handelt es sich um einen Kontrollmechanismus, der dauerhafte Ergebnisse sicherstellen soll?
- Handelt es sich um die Beurteilung eines individuellen Entwicklungsprozesses?
- Soll durch die Beurteilung ein erfolgreicher Gruppenleiter oder ein Gruppenmitglied ermutigt oder gefördert werden?

Stellen Sie fest, ob die Beurteilung von den Mitarbeitern als Bedrohung oder als Herausforderung angesehen wird, denn entsprechend werden sie reagieren.

Der folgende Vier-Schritte-Plan zeigt eine Methode der Leistungsbeurteilung. Vielleicht können Sie sie auf Ihren Bereich übertragen:

1. Der Mitarbeiter diskutiert die Arbeitsplatzbeschreibung mit seinem Gruppenleiter oder seinem Vorgesetzten und beide einigen sich auf Schlüsselaufgaben, Verantwortlichkeitsbereiche und die Ziele sowie das angestrebte Ergebnis für das kommende Jahr.

2. Zur regelmäßigen Überprüfung des Fortschritts werden Kontrollen und Termine festgelegt. Wie bereits betont, ändern sich die Voraussetzungen heutzutage derartig schnell, dass jedes Ziel spätestens alle 90 Tage systematisch überprüft werden sollte. Nur wenige Ziele bleiben im Laufe des Jahres unverändert.

3. Unterstützung, Diskussionen und Ermutigungen müssen über das ganze Jahr gewährleistet sein. Aus diesem Grund sollte mindestens einmal im Monat ein informelles Treffen mit jedem Mitarbeiter stattfinden. Die Beurteilung am Jahresende sollte keine Überraschungen enthalten.

4. Während der jährlichen Diskussion über die Beurteilung spielt auch die Selbsteinschätzung eine Rolle. Die Beurteilung sollte die in allen Bereichen erreichten Leistungen mit den Zielsetzungen vergleichen, die aufgetretenen Probleme und deren Lösungen benennen, feststellen, ob sich ein Bedarf an Weiterqualifikation gezeigt hat, und weitere besondere Aspekte berücksichtigen. Zum Schluss sollte sich der Mitarbeiter zu mit ihm abgestimmten Schritten verpflichten, die auf den erkannten Bedarf ausgerichtet sind. Bei diesem Prozess wird in entspannter Atmosphäre gemeinsam nach Lösungen gesucht und gemeinsam eine Planung aufgestellt. Das bedeutet auch, dass beide Parteien genügend Zeit haben sich auf das Treffen vorzubereiten und dass Sie bereit sein müssen zuzuhören.

Lenken Sie die Diskussion auf die Hauptaspekte des Arbeitsplatzes, wie er in der Arbeitsplatzbeschreibung dargestellt ist. Dazu könnten gehören:

- Quantität und Qualität des Ergebnisses,
- Kundennähe,
- Kosteneffektivität und Erfolge im Rahmen des Budgets,
- interaktive Beziehungen,
- Mitarbeiterführung und Aufbau eines Teams,
- die Nutzung von Ressourcen einschließlich Zeitmanagement,
- Korrespondenz und Kommunikation,
- persönliche Weiterentwicklung.

Beurteilungen für Beförderungen

Bei Beförderungen müssen andere Kriterien gelten, da das Ziel ein anderes ist. Dem Mitarbeiter sollten Gelegenheiten gegeben worden sein sein Potenzial unter Beweis zu stellen, z. B. durch die Übernahme delegierter Aufgaben, Verantwortung für kleinere Projekte oder durch die Vertretung seines Vorgesetzten. All das muss in die Beurteilung einfließen. Ausgezeichnete Leistungen am derzeitigen Arbeitsplatz sind für sich allein genommen keine ausreichenden Indikatoren dafür, dass jemand für eine Beförderung reif ist. Die nächste Position verlangt eventuell ganz andere Fertigkeiten, Kenntnisse und ein anderes Verhalten und jemanden mit Aufgaben zu betrauen, die eigentlich über seine Fähigkeiten hinausgehen, kann für die Person ungemeine Belastungen darstellen und die Effektivität des Unternehmens beeinträchtigen.

Anweisungen

Jede von Ihnen gegebene Anweisung kann zweideutig sein. Es besteht ein Unterschied zwischen dem,

- was Sie annehmen gesagt zu haben,
- was Sie tatsächlich gesagt haben,
- was Sie nach Ansicht Ihres Gegenübers gesagt haben.

Dies erkennt man an den Reaktionen. Entsprechen sie nicht Ihren Erwartungen, liegt der Fehler wahrscheinlich bei Ihnen. Bevor Sie eine Anweisung geben, sollten Sie

- sichergehen, dass Sie alle Fakten kennen,
- prüfen, ob sie anders als beabsichtigt interpretiert werden kann,
- prüfen, wie wichtig ein Feed-back in der Situation ist,
- sich fragen, ob die Anweisung der Situation auch wirklich in jeder Hinsicht angemessen ist.

Wie Anweisungen gegeben werden, hängt von der Situation und vom Empfänger ab. Eine Anweisung liegt irgendwo zwischen einem direkten Befehl und einer Bitte um Freiwillige. Gute Anweisungen zeichnen sich durch folgende Kriterien aus:

- Sie passen zu den Zielen und sind sinnvoll.
- Sie sind vernünftig, das Ziel ist erreichbar. Ressourcen sind vorhanden und der Zeitplan ist angemessen.
- Sowohl die Rahmenbedingungen als auch der Wortlaut der Anweisung sind verständlich. Falls erforderlich, muss man dies durch Nachfragen prüfen.
- Die Wortwahl (Anweisung, Bitte usw.) ist der Situation angemessen.
- Sie lassen gegenseitigen Respekt erkennen.

Anweisungen sollten schriftlich erfolgen, wenn

- sie sehr umfangreich und kompliziert sind,
- dadurch auch Verantwortlichkeiten übertragen werden,
- sie langfristig Gültigkeit behalten sollen,
- das für einen bestimmten Mitarbeiter oder eine Situation erforderlich ist.

Bei einem *Befehl* oder einem direkten Auftrag ist die Kommunikation einseitig, es geht – wenn überhaupt – um schnelle Antworten. Die Botschaft eines Befehls muss eindeutig sein. Viel hängt vom Tonfall ab, aber wenn der Befehl richtig eingesetzt wird und die Gründe nachvollziehbar sind, gibt es in der Regel keine Probleme. Ein empfindlicher Mensch könnte allerdings dadurch verärgert sein.

Eine *Bitte* ist persönlicher, taktvoller und baut auf Kooperation. Sie ist besonders hilfreich in der Kommunikation mit älteren oder erfahrenen Mitarbeitern oder bei Mitarbeitern mit geringem Selbstbewusstsein.

Ein *Vorschlag* ist eine milde Bitte und kann abgelehnt werden. Verwenden Sie ihn nur bei zuverlässigen und erfahrenen Mitarbeitern oder in Situationen, in denen es auf Initiative ankommt.

Um Freiwillige zu bitten kann angebracht sein, wenn eine Aufgabe besonders schwierig oder vielleicht unangenehm ist, oder in Situationen, in denen es nicht sinnvoll ist einen bestimmten Mitarbeiter zu benennen. Es kann Ihnen aber auch passieren, dass sich niemand meldet.

CHECKPOINT 2

Welche Befehle und Anweisungen erhalten Sie selbst ungern? Welche Gefühle haben Sie, wenn Sie solche Anweisungen bekommen? Wie werden sich Ihre Mitarbeiter fühlen? Spielt es eine Rolle, in welcher Form Sie eine Anweisung erteilen?

ARBEITGEBER-ARBEITNEHMER-BEZIEHUNGEN

Gewöhnlich verwendet man den Begriff Arbeitgeber-Arbeitnehmer-Beziehung, wenn es im Arbeitsleben um Arbeitsbedingungen geht, die durch Vereinbarungen oder Verträge geregelt sind. Für den Gruppenleiter bedeutet das, dass sein Verhalten gegenüber Mitarbeitern immer fair sein muss. Die Mitarbeitervertretung hat dieselbe Verantwortung.

Beide sollten sich ernsthaft um die Wirtschaftlichkeit des Unternehmens bemühen. Samuel Gompers, ein bekannter amerikanischer Gewerkschaftsfunktionär, hat einmal gesagt: „Den schlechtesten Dienst leistet ein Unternehmen seinen Mitarbeitern, wenn es unwirtschaftlich arbeitet."

Daher sollten Sie mit der Mitarbeitervertretung zusammenarbeiten. Lassen Sie sich dabei von Ihrem Vorgesetzten beraten. In der Regel sollten Sie

- Sachinformationen weitergeben, dies entzieht Gerüchten den Boden und stoppt die Gerüchteküche,
- sich bei bestimmten Angelegenheiten besprechen, z. B. bei bevorstehenden Veränderungen,
- gut informiert sein über die Arbeitsbedingungen Ihrer Arbeitsgruppe, die gültigen Vereinbarungen und die entsprechenden gesetzlichen Bestimmungen,
- sicherstellen, dass Sie bei Beschwerden die erste Ansprechperson sind,
- genau wissen, wie bei Disziplinarmaßnahmen vorgegangen wird.

Die Zusammenarbeit mit der Mitarbeitervertretung ist ein empfindlicher Bereich. Es sieht manchmal so aus, als kämpften sowohl die Gewerkschaften als auch die Unternehmensführung um die Loyalität der Mitarbeiter. Doch eigentlich sollte es nicht zu Konflikten kommen. Für Ihre Mitarbeiter repräsentieren Sie die Unternehmensführung, für die Unternehmensführung repräsentieren Sie die Ihnen unterstellten Mitarbeiter. In dieser zentralen Position müssen Sie äußerst ehrlich, konsequent und ernsthaft Ihre Verantwortung ausbalancieren.

UMGANG MIT BESCHWERDEN

Man sagt, die meisten Beschwerden resultierten aus einem mangelnden Verständnis für die Gründe von Bestimmungen und Arbeitsaufträgen. Andere Ursachen liegen in den Bereichen Kontrolle und Kommunikation. Eine Checkliste zur Analyse dieser drei Punkte finden Sie auf Seite 117.

Weitere Gründe sind die Bevorzugung bei der Vergabe von Arbeitsaufträgen, wenn andere die Anerkennung für die eigene Arbeit erhalten, wenn Mitarbeiter bei Beförderungen übergangen werden, ein mangelndes Interesse des Gruppenleiters an der Arbeit oder der Person des Mitarbeiters. Wahrscheinlich fallen Ihnen noch weitere Ursachen ein.

Andere Ursachen können im außerbetrieblichen Umfeld liegen. Dazu gehören Wohnungsprobleme, häusliche Schwierigkeiten, finanzielle Probleme und persönliche Unzufriedenheit. Wenn einer Ihrer Mitarbeiter ein außerbetriebliches Problem hat, sollten Sie sich überhaupt einmischen? Sobald das Problem in irgendeiner Weise negativen Einfluss auf das Arbeitsergebnis oder die Leistung hat, können Sie es nicht ignorieren.

Die Folgen von Beschwerden

Werden Beschwerden vernachlässigt oder die zugrunde liegenden Probleme nicht völlig ausgeräumt, kann das ernste Konsequenzen haben. Beispielsweise

- sind verstimmte Mitarbeiter weniger effizient,
- verbreitet ein Mitarbeiter mit einer Beschwerde, der nicht ausreichend nachgegangen wird, Unzufriedenheit unter den Kollegen,
- kann eine nicht ausgeräumte Beschwerde zur Kündigung eines Mitarbeiters führen,
- stellt ein Mitarbeiter, der sich gedanklich mit einer Beschwerde beschäftigt, ein größeres Sicherheitsrisiko dar,
- reduziert sich die Gesamtleistung durch ungelöste Beschwerden.

Sie müssen daher schnell handeln, bevor sich eine Situation verschlimmert und sich eine kleine Beschwerde zu einem größeren Problem auswächst. Nur selten erzielt man eine zufrieden stellende Lösung, indem man einem Mitarbeiter sagt, er solle die Angelegenheit einfach vergessen.

Untersuchungen belegen, dass die meisten Beschwerden ihre Ursache in einem der folgenden Bereiche haben:

- Arbeitszeit und Bezahlung,
- Verantwortung und Entscheidungsbefugnisse,
- Mitarbeiterführung,
- Arbeitsablauf,
- Arbeitsbedingungen (Licht, Belüftung, Schmutz, Lärm, Temperatur, Material usw.),
- Erschöpfung,
- Kommunikationsprobleme,
- Arbeitsdisposition,
- Transport,
- soziale Kontakte,
- Monotonie, Langeweile,
- Aufstiegsmöglichkeiten,
- Fehler bei der Planung.

CHECKPOINT 3

Welcher dieser Bereiche könnte in Ihrer Arbeitsgruppe derzeit zu Beschwerden führen?

CHECKLISTE: BESCHWERDEN

Bestimmungen	Ja	Nein
Gibt es Bestimmungen zur Kontrolle Ihrer Mitarbeiter, die diese verärgern, weil sie mangelndes Vertrauen implizieren? ______	☐	☐
Gibt es Bestimmungen, in denen Konsequenzen angedroht werden, die unangenehm umzusetzen wären?	☐	☐
Gibt es überflüssige Richtlinien? ______	☐	☐
Wissen Sie genau, dass jeder Mitarbeiter die Notwendigkeit jeder Bestimmung kennt? ______	☐	☐

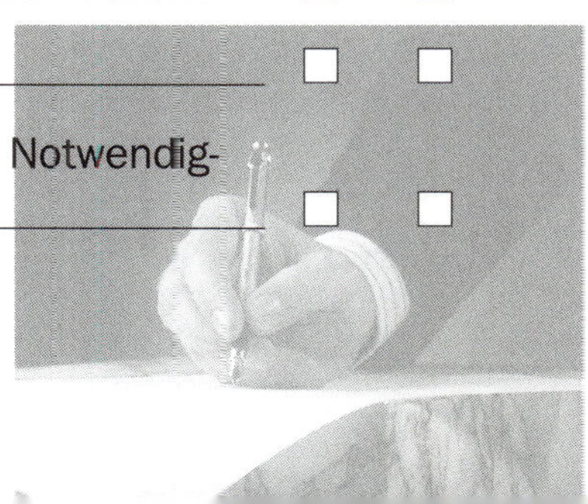

	Ja	Nein
Gibt es eine Bestimmung in Ihrer Gruppe, durch die strengere Maßstäbe eingeführt werden als in anderen Abteilungen üblich?	☐	☐
Werden Bestimmungen aufrechterhalten, die die Arbeitnehmer als unfair ansehen?	☐	☐
Kontrolle		
Achten Sie immer darauf, erst sämtliche Tatsachen zu kennen, bevor Sie einen Mitarbeiter maßregeln?	☐	☐
Stellen Sie sicher, dass Maßregelungen unter vier Augen erfolgen?	☐	☐
Wird die Arbeit eines Mitarbeiters aufgrund schlechter Disziplin behindert?	☐	☐
Achten Sie darauf, dass kein Mitarbeiter ständiges Ziel von Belästigungen (verbal oder nonverbal) durch andere Mitarbeiter ist?	☐	☐
Ist das Gehalt jedes Mitarbeiters gerecht im Vergleich zu anderen gleichwertigen Arbeitsplätzen, an denen ähnliche Fähigkeiten verlangt werden?	☐	☐
Gibt es Betriebsabläufe, deren Sicherheit verbessert werden könnte?	☐	☐
Kommunikation		
Sind Ihre Mitarbeiter so offen zu Ihnen, wie Sie es sich wünschen?	☐	☐
Könnte sich ein Mitarbeiter darüber beschweren, dass er keine ausreichenden Anweisungen erhalten hat?	☐	☐
Leiten Sie Informationen immer sofort weiter?	☐	☐
Haben Mitarbeiter das Gefühl, dass ihre Vorschläge fair und unparteiisch behandelt werden?	☐	☐
Haben Sie einem Mitarbeiter Versprechungen gemacht, die Sie nicht eingehalten haben?	☐	☐

In vielen Unternehmen existieren immer noch Anweisungen und Bestimmungen, die bei ihrer Einführung zwar notwendig und sinnvoll waren, die inzwischen aber überholt sind. Trennen Sie sich von diesen Bestimmungen, denn sie könnten Probleme verursachen.

Sprechen Sie mit Ihrem Vorgesetzten, bevor Sie konkrete Schritte einleiten. Vielleicht gab es in der Vergangenheit schon ähnliche Vorfälle oder es sind Bereiche betroffen, die Ihnen nicht bewusst sind.

Der richtige Umgang mit Beschwerden besteht aus vier Schritten:

1. *Hören Sie aufmerksam zu.*

- Hören Sie ruhig zu, selbst wenn Ihnen die Beschwerde lächerlich vorkommt.
- Stellen Sie sicher, dass Sie die ganze Geschichte hören.
- Bohren Sie vorsichtig nach, indem Sie fragen: „Warum sind Sie dieser Meinung?“ Oder: „Warum ist es Ihrer Meinung nach dazu gekommen?“
- Diskutieren Sie, streiten Sie nicht.
- Suchen Sie die Hauptursachen. Diese werden nicht unbedingt zuerst genannt bzw. müssen nicht offensichtlich sein.
- Denken Sie daran, dass eine Beschwerde nicht nur in Worten ausgedrückt werden kann.

2. *Gewinnen Sie Klarheit über die Tatsachen (Ihre Diagnose).*

- Lassen Sie sich die Beschwerde noch einmal vortragen.
- Fragen Sie nach und versuchen Sie zwischen Tatsachen und Meinungen zu unterscheiden.
- Sprechen Sie, falls erforderlich, mit anderen Personen und sehen Sie in die Unterlagen.
- Besprechen Sie die Situation erforderlichenfalls mit Ihrem Vorgesetzten.
- Ziehen Sie keine voreiligen Schlüsse.
- Beleuchten Sie die Beschwerde von allen Seiten. Haben Vorfälle aus der jüngsten Vergangenheit Einfluss auf diese Angelegenheit?
- Prüfen Sie die Unternehmenspolitik. Betrifft die Beschwerde die augenblicklichen Geschäftspraktiken oder deren Auslegung? Gibt es schon ähnliche Fälle?
- Prüfen Sie die Personalakte. Wie sieht der Werdegang des Mitarbeiters aus? Gab es Disziplinarmaßnahmen? Handelt es sich um eine zuverlässige, stabile Persönlichkeit?

3. *Handeln Sie schnell und fair.*

- Prüfen Sie zuerst, ob die Angelegenheit in Ihren Verantwortungsbereich fällt und ob Sie überhaupt Entscheidungsbefugnisse haben.
- Diskutieren Sie die Angelegenheit mit dem Arbeitnehmervertreter, sofern dies erforderlich ist und innerhalb Ihrer Befugnisse liegt.
- Zögern Sie erforderliche Schritte nicht hinaus oder schieben die Angelegenheit jemand anderem zu, wenn Sie selbst etwas tun können.
- Wahren Sie das Gesicht Ihres Gegenübers. Verletzen Sie nie die Würde der anderen Person.
- Wenn Sie keine Entscheidung treffen können, sagen Sie das und nennen Sie die Gründe. Wenn Sie den Fall weiterleiten, nennen Sie alle Tatsachen, nicht nur diejenigen, die Ihre Position untermauern.
- Nennen Sie die Gründe, wenn Ihre Antwort „Nein" lautet.
- Entscheiden Sie im Zweifelsfall zu Gunsten des Beschwerdeführers.
- Missbrauchen Sie Ihre Stellung nicht um eine Entscheidung zu erzwingen.
- Handeln Sie nicht impulsiv. Bedenken Sie nicht nur Ihr Vorgehen, sondern auch die möglichen Folgen.
- Sagen Sie, wann mit einer Entscheidung gerechnet werden kann.

Beachten Sie: Sie müssen den in den Betriebsvereinbarungen festgelegten Ablauf bei Beschwerden kennen. Er gibt Auskunft über Ihre Verantwortung und Ihre Pflichten. Sprechen Sie mit Ihrem Vorgesetzten darüber. Der normale Ablauf sieht folgendermaßen aus:

- Die Beschwerde muss zuerst dem unmittelbaren Vorgesetzten vorgetragen werden.
- Wenn sie auf dieser Ebene nicht beigelegt werden kann, wird sie dem nächsthöheren Vorgesetzten vorgetragen. An diesem Punkt wird eventuell auch der Betriebsrat eingeschaltet.
- Wenn keine zufrieden stellende Entscheidung getroffen wird, kann die Beschwerde schriftlich an einen Beschwerdeausschuss weitergeleitet werden, der sich unter Leitung eines unabhängigen Vorsitzenden aus Arbeitgeber- und Arbeitnehmervertretern zusammensetzt. Eine vom Ausschuss getroffene Entscheidung ist in der Regel für beide Parteien bindend. Nicht in allen Unternehmen gibt es jedoch einen Beschwerdeausschuss.

4. *Verfolgen Sie die Beschwerde weiter.*

- Stellen Sie sicher, dass die richtigen Schritte unternommen und die Ursachen, nicht nur die Symptome beseitigt worden sind.

- Berichten Sie Ihrem Vorgesetzten von allen wichtigen Beschwerden, die Sie gütlich beilegen konnten, aber auch von den Beschwerden, bei denen Sie sich an andere gewandt haben. Eventuell schaffen Sie nämlich damit einen Präzedenzfall.
- Fassen Sie Beschwerden kurz schriftlich zusammen.

Beschwerden können Ihre Beziehungen zur Arbeitnehmervertretung auf eine harte Probe stellen. Eine offene Diskussion, die sich an den Tatsachen orientiert und frei von Emotionen ist, bringt Ihnen Respekt ein und führt allgemein zu guten Ergebnissen. Stellen Sie sicher, dass durch Ihr Verhalten Licht in eine Angelegenheit gebracht und nicht Benzin ins Feuer gegossen wird.

VERHALTEN BEI KONFLIKTEN

Zu Konflikten kommt es, wenn zwei oder mehr Personen Ziele haben, die ihrer Meinung nach unvereinbar sind. Manchmal resultiert ein Konflikt auch aus einem Zusammenstoß unterschiedlicher Temperamente.

Bei Konflikten ist schnelles Handeln angebracht, damit die Situation nicht eskaliert und weitere vorher unbeteiligte Personen mit hineingezogen werden.

Setzen Sie eine Besprechung zu einem für alle passenden Zeitpunkt an. Versuchen Sie die Besprechung auf neutralem Boden abzuhalten; außerdem darf es keine Störungen geben. Folgendes Vorgehen ist sinnvoll:

1. Respektieren Sie die beteiligten Personen. Der Konflikt resultiert aus einer bestimmten Situation. Die beteiligten Personen haben sich vermutlich nicht verändert, wohl aber die Situation und das Verhalten der Beteiligten. Unterscheiden Sie die Personen und die Situation.

2. Zuerst müssen die emotionalen Aspekte eines Konflikts angesprochen werden. Die Beteiligten wollen häufig zunächst einmal ihre Gefühle zum Ausdruck bringen und „Dampf ablassen". Hören Sie aufmerksam zu. So können Sie einschätzen, was in den Beteiligten vorgeht. Außerdem wird so die Anspannung gelöst, vorausgesetzt natürlich, Sie halten Ihre eigenen Emotionen unter Kontrolle. Bitten Sie die Beteiligten dann das Problem noch einmal sachlich und in Ruhe darzustellen und die Ursachen zu nennen.

3. Ihre Sicht unterscheidet sich wahrscheinlich von den vorgetragenen Meinungen. Benennen Sie diese Unterschiede und stellen Sie Ihre Sichtweise dar. Vermeiden Sie dabei emotionsgeladene Wörter. Unterscheiden Sie zwischen Tatsachen und Meinungen. Sprechen Sie über Ihre Gefühle.

4. Diskutieren Sie die Unterschiede. Versuchen Sie das Problem von der Bedürfnislage her zu beleuchten und noch nicht von möglichen Lösungen her. Zeigen Sie Gemeinsamkeiten auf. Einigen Sie sich auf unumstößliche Tatsachen. Vereinbaren Sie ein gemeinsames Ziel.

5. Lösen Sie das Problem kooperativ. Prüfen Sie alle verfügbaren Optionen. Wählen Sie die beste Option, die den Bedürfnissen aller Parteien am nächsten kommt. Bedenken Sie aber zuvor die möglichen Konsequenzen. Einigen Sie sich darauf, wer welche Aufgabe wie und bis wann übernimmt. Behalten Sie die Angelegenheit im Auge um sicherzugehen, dass das geplante Vorgehen und die angestrebten Ergebnisse erreicht werden.

Bei einem Konflikt zwischen zwei Gruppen hat sich ein anderer Lösungsansatz bewährt:

- Bringen Sie die Parteien an einen Tisch.
- Dann erstellt jede Partei eine Liste, die aufführt, was die andere Partei weiterhin tun soll, welche zusätzlichen Aufgaben sie übernehmen und was sie in Zukunft unterlassen soll. Nur so können Erwartungen erfüllt und gute Ergebnisse erzielt werden.
- Tauschen Sie die Listen aus und diskutieren Sie darüber.
- Die Parteien kommen sich näher, diskutieren über Gemeinsamkeiten und handeln eine Vereinbarung aus, die die verbleibenden Unterschiede regelt.

Es bietet sich an die erzielte Vereinbarung schriftlich festzuhalten.

ABWESENHEITSRATE UND DISZIPLIN

Es ist ein ernsthaftes Problem, wenn Mitarbeiter ohne triftigen Grund oder häufig am Arbeitsplatz fehlen. Das wirkt sich negativ auf die Produktivität, den Kundendienst, die Leistung und das Bild der gesamte Arbeitsgruppe aus und fällt letztlich auf Sie zurück.

Dieses Fehlen kann zahlreiche Ursachen haben, die in der Arbeit, der Gesundheit, in Alkohol- oder Drogenproblemen oder in persönlichen Schwierigkeiten liegen können. Bevor man weitere Schritte einleitet, muss man die Ursache kennen. Um die wahren Gründe herauszufinden (es können durchaus mehrere Gründe sein), sind möglicherweise taktvolle Gespräche erforderlich. Unentschuldigtes Fehlen dürfen Sie nicht unbeachtet durchgehen lassen. Sie müssen schnell darauf reagieren.

Es lässt sich am besten durch ein gutes Team vermeiden, dem sich jeder Einzelne verpflichtet fühlt und das auf jeden angewiesen ist. Ändert sich die Situation jedoch nicht und können auch Gespräche und andere Maßnahmen das Problem nicht lösen, sind Disziplinarmaßnahmen möglicherweise die einzige Lösung.

Das Ziel von Disziplinarmaßnahmen ist die Verbesserung einer unbefriedigenden Situation, nicht Bestrafung der Mitarbeiter. Es gibt zwei Möglichkeiten Mitarbeiter zurechtzuweisen:

- auf eine positive Art, die dazu führt, dass sich die Mitarbeiter gern anpassen, die konstruktiv hilft, mit der die richtige Arbeitseinstellung entwickelt wird und die es der betreffenden Person ermöglicht sich zu ändern ohne das Gesicht zu verlieren,
- auf eine negative Art, die mit Drohungen und autoritärem Vorgehen Ergebnisse erzielen will und die Strafen oder die Angst vor Strafen nutzt.

Mitarbeiter haben ein Recht darauf, zu wissen, wo sie stehen und welche Bestimmungen es gibt. Nur unter dieser Voraussetzung werden Zurechtweisungen akzeptiert. Jede Bestimmung muss als angemessen und fair angesehen werden.

Ein heißer Herd veranschaulicht gut, was gemeint ist. Wenn man einen heißen Herd (mit einem Schild: Vorsicht heiß, nicht berühren) anfasst, folgt die disziplinarische Maßnahme sofort, immer gleich und unpersönlich. Ärger ist nicht angebracht, denn

- man war gewarnt, man wusste, was geschehen würde, wenn man den Herd berührt,
- die Strafe ist immer gleich, jeder wird gleich behandelt,
- die Strafe ist unpersönlich; eine Person verbrennt sich, weil sie den Ofen berührt hat, und nicht, weil es sich um diese Person handelt,
- die Strafe erfolgt sofort.

Bei einer disziplinarischen Maßnahme muss die Handlung im Mittelpunkt stehen, nicht die Person. Das ist besonders wichtig. Insgesamt handelt es sich aber um einen diffizilen Bereich und Sie sollten sich mit Ihrem Vorgesetzten (oder der Personalabteilung) beraten, damit Sie genau wissen,

- welche Befugnisse Sie haben, wenn Sie Mitarbeiter zurechtweisen,
- welchen Kontakt Sie bei Disziplinarmaßnahmen zum Arbeitnehmervertreter haben sollten,
- wie Sie bei Disziplinarproblemen vorgehen sollten.

Auf alle Fälle sollten Sie sämtliche Fakten kennen und prüfen, die wahren Gründe für den Vorfall herausfinden, sicherstellen, dass die Bestimmungen bekannt waren, und wissen, welche Schritte Sie einleiten wollen.

Der formelle Ablauf könnte bei einer ersten Auffälligkeit eine mündliche Verwarnung oder eine mündliche Zurechtweisung in Anwesenheit eines Zeugen umfassen. Außerdem sollte der Vorfall schriftlich festgehalten und Ihr Vorgesetzter darüber informiert werden. Bei Wiederholung sollte sich an ein Gespräch eine schriftliche Verwarnung anschließen.

In dem Gespräch sollte das Problem dargestellt und klargemacht werden, welche Regel missachtet wurde. Ferner müssen dem Betreffenden die Konsequenzen eines Wiederholungsfalls bewusst sein. Schließlich sollte das Gespräch gegebenenfalls die Zusicherung des Arbeitnehmers umfassen das Fehlverhalten in Zukunft zu vermeiden. Fertigen Sie ein Protokoll des Gesprächs an, das auch eventuell vereinbarte Schritte konkret benennen muss. Lassen Sie sich den Empfang des Gesprächsprotokolls auf Ihrer Kopie bestätigen. Eventuell muss eine Kopie an den Betriebsrat weitergeleitet werden.

Bei ernsthaften Problemen empfiehlt es sich den Betriebsrat zu informieren, sobald man den Entschluss gefasst hat Disziplinarmaßnahmen einzuleiten. Häufig kommt es dann zu einer Zusammenarbeit um die Angelegenheit beizulegen. Ist schließlich eine Kündigung unumgänglich, ist der Betriebsrat schon über die Zusammenhänge informiert und es ist unwahrscheinlich, dass dann gegen die Kündigung vorgegangen wird.

Ein formelles Disziplinarverfahren sollte erst angewendet werden, nachdem alle anderen Möglichkeiten die Situation in den Griff zu bekommen ausgeschöpft sind. Sie müssen Ihre Befugnisse in diesem Bereich sehr genau kennen. Vielleicht dürfen Sie eine mündliche Verwarnung aussprechen, dürfen Sie aber auch eine schriftliche Abmahnung erteilen? Prüfen Sie dies mit Ihrem Vorgesetzten.

Die Kündigung eines Mitarbeiters sollte nur die letzte Lösung sein. Vorrangiges Ziel ist es, das Verhalten des Mitarbeiters zu ändern ohne seine Würde zu verletzen. Lesen Sie die folgende Checkliste genau durch und vergessen Sie nicht: „Schneller Entschluss bringt viel Verdruss.“

CHECKLISTE: DISZIPLINARMASSNAHMEN

1. *War dem Mitarbeiter die Bestimmung bekannt, für deren Missachtung er gemaßregelt werden soll?*
- Ist sie sprachlich klar und eindeutig formuliert?
- Was wurde unternommen um den Mitarbeiter darauf aufmerksam zu machen?
- Wie lange existiert die Bestimmung?

2. *Ist die Bestimmung vernünftig?*
- Zählt sie zu den normalen Gepflogenheiten?
- Kann sie auf alle Mitarbeiter gleich angewandt werden?
- Ist sie aufgrund von Sicherheitsbestimmungen oder aus wirtschaftlichen Gründen berechtigt?

3. *Wurde die Bestimmung konsequent angewandt?*
- Gibt es Anzeichen, dass der Mitarbeiter „herausgepickt“ wurde?
- Hat der Mitarbeiter dieselben Schulungen wie die anderen erhalten?
- Haben andere Mitarbeiter die Bestimmung verletzt ohne bestraft zu werden?

4. *Wurde der Mitarbeiter vorgewarnt?*
- Welche Maßnahmen wurden vor der Kündigung ergriffen?
- Gibt es Belege für eine offizielle Verwarnung?
- Wurde die Verwarnung akzeptiert?

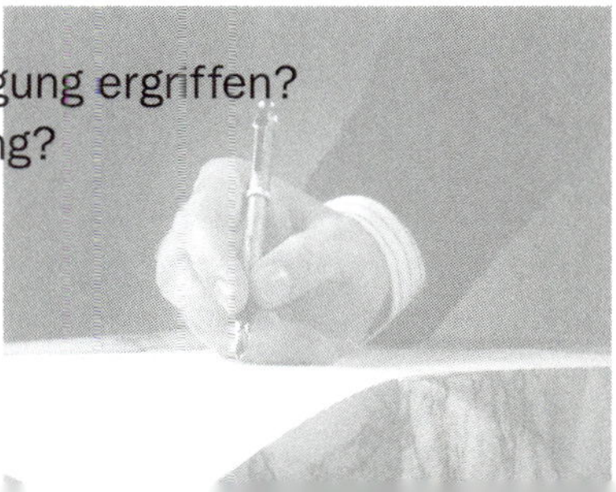

- Hat das Unternehmen bisher Mitarbeiter konsequent entlassen, nachdem eine letzte Verwarnung ausgesprochen wurde?

5. *Basiert die Entscheidung des Unternehmens auf Tatsachen?*

- Wie sehen die letzten Beurteilungen des Mitarbeiters aus?
- Ist die Kündigung angesichts dieser Beurteilungen ein angemessener Schritt?
- Wie hat das Unternehmen sonst reagiert, wenn diese Bestimmung verletzt wurde?
- Welchen tatsächlichen Schaden hat das Unternehmen erlitten?
- Welchen Schaden könnte das Unternehmen erleiden, wenn die Bestimmung weiterhin missachtet wird?
- Liegen dem Unternehmen Zahlen und Fakten vor, die den eigenen Standpunkt belegen?

6. *Wird diese Situation durch die Arbeitsvereinbarung abgedeckt?*

- Fällt sie unter Einzelvereinbarungen?
- Betrifft sie ein Versprechen, das von einem Repräsentanten der Geschäftsführung gemacht wurde?

MITARBEITER MIT TEILZEIT- ODER ZEITVERTRÄGEN

Die Zusammensetzungen der Belegschaften unterliegen seit einiger Zeit in sehr vielen Unternehmen einem starken Wandel. Immer mehr Arbeit wird inzwischen von Zeitarbeitsfirmen, von befristet eingestellten Mitarbeitern oder Mitarbeitern mit Teilzeitarbeitsverträgen erledigt. Die Auswirkungen auf die Gesellschaft sind noch nicht in vollem Umfang abzusehen.

Auf alle Fälle ist damit eine größere Verantwortung für den Gruppenleiter verbunden. Die Arbeitsbedingungen der Mitarbeiter von Zeitarbeitsfirmen sind durch ihre Verträge mit den Zeitarbeitsunternehmen geregelt, Qualität und Quantität ihrer Arbeitsergebnisse müssen aber dem Standard des Unternehmens entsprechen, das die Leistung des Zeitarbeitsunternehmens eingekauft hat. Mitarbeiter mit Zeitverträgen werden nur von dem Unternehmen kontrolliert, bei dem sie angestellt sind. Ein Mitarbeiter mit einem befristeten Vertrag hat keinen auf lange Sicht sicheren Arbeitsplatz und interessiert sich vermutlich vor allem für das Geld, das er für seine Arbeit erhält, und wie er an den nächsten Job kommt. Aussagen über die Ziele der Gruppe und die Betonung, wie wichtig Kundennähe und qualitativ gute Arbeit für das Team sind, werden nicht unbedingt enthusiastisch aufgenommen und fördern vermutlich nur selten die Motivation.

Sie als Gruppenleiter sind dafür verantwortlich, dass die Arbeitsergebnisse dem erforderlichen Standard hinsichtlich Quantität, Qualität, Kosten und Zeit entsprechen. Dies lässt sich in der Regel nur mit Mitarbeitern erreichen, die sich für das gesetzte Ziel engagieren. Daher müssen Sie Wege finden dieses Engagement zu erzeugen, beispielsweise indem Sie sicherstellen, dass jeder befristet eingestellte Mitarbeiter den Zweck und den verlangten Standard seiner Arbeit kennt und versteht. Geben Sie ihm alle wichtigen Informationen zur Aufgabe, einschließlich Berichte über den bisherigen Arbeitsfortschritt. Jeder Arbeitnehmer bezieht einen Teil seiner Zufriedenheit aus einer gut erledigten Arbeit und der Zugehörigkeit zu einem erfolgreichen Team. Die Zufriedenheit wird durch Ermunterung und Lob vom Gruppenleiter verstärkt.

Zusätzliches Engagement können Sie auch erzielen, indem Sie die Arbeitsgruppe mit schwierigen Aufgaben herausfordern, die enge Zielvorgaben haben und nur durch gemeinsame Bemühungen gelöst werden können. Der Erfolg muss dann später gebührend anerkannt werden.

Schließlich kann es die Motivation steigern, wenn man die befristete Dauer der Beschäftigung akzeptiert, aber trotzdem versucht jedem Mitarbeiter bestimmte Fertigkeiten oder Kenntnisse zu vermitteln, die seine zukünftigen Chancen am Arbeitsmarkt eventuell verbessern. Dies lässt sich beim Einstellungsgespräch aushandeln: „Wir bringen Ihnen entsprechende Fertigkeit oder Kenntnisse bei, wenn Sie sich verpflichten sich ernsthaft zu bemühen."

ZUSAMMENARBEIT MIT MENSCHEN ANDERER KULTUREN

Ihre Mitarbeiter gehören eventuell verschiedenen Nationalitäten an und für einige ist Deutsch nicht die Muttersprache. Probleme können daher vorwiegend aus zwei Bereichen resultieren: Neben Verständnisschwierigkeiten können sich kulturelle Unterschiede auswirken.

Sprachschwierigkeiten

Deutsch ist keine leichte Sprache. Zudem benutzen wir täglich umgangssprachliche Ausdrücke und Slang und jedes Unternehmen hat eine eigene Fachsprache aus Begriffen und Abkürzungen, die nur für die Mitarbeiter des Unternehmens verständlich sind. Könnte es sinnvoll sein ein Glossar der im Unternehmen benutzten Begriffe einzuführen? Probieren Sie es aus!

Verwenden Sie beim Umgang mit Menschen anderer Kulturen, von denen Sie wissen, dass sie Deutsch nicht perfekt beherrschen, einfache Wörter und kurze Sätze. Seien Sie geduldig. Lassen Sie den Mitarbeiter die Aussage mit seinen eigenen Worten wiederholen und vergewissern Sie sich, dass der Mitarbeiter weiß, was die einzelnen Wörter bedeuten. Verwenden Sie Abbildungen und falls erforderlich einen Dolmetscher.

Schriftliche Anweisungen oder Aushänge müssen eventuell mehrsprachig sein. Sehr wertvoll können auch mehrsprachige Arbeitsblätter (bzw. Arbeitsunterlagen) sein, mit denen man bestimmte Fertigkeiten schulen will.

Außerdem kommt es ausgesprochen gut an, wenn Sie zumindest „Guten Morgen" und „Danke" in der Sprache Ihrer Mitarbeiter sagen können.

Kulturelle Unterschiede

Die kulturellen Unterschiede hängen vom Herkunftsland Ihrer Mitarbeiter ab. Versuchen Sie die Unterschiede zu verstehen, die Auswirkungen auf die Arbeit und die zwischenmenschlichen Beziehungen haben. Beispielsweise können familiäre Beziehungen wichtiger eingeschätzt werden als die Anwesenheit am Arbeitsplatz oder die Arbeitszeit lässt sich vielleicht manchmal nicht mit den religiösen Verpflichtungen vereinbaren. In zahlreichen weiteren Bereichen können Probleme auftreten.

Bei einer großen Gruppe von Mitarbeitern einer bestimmten Nationalität kann einer von ihnen als Ansprechpartner oder Mittler fungieren. Dies hat sich als sehr nützlich erwiesen.

Wichtig ist es, in jedem Mitarbeiter eine Persönlichkeit mit Würde und einem eigenen kulturellen Erbe zu sehen und jedem Respekt, Wärme, Geduld und Verständnis entgegenzubringen.

ZUSAMMENARBEIT MIT BEHINDERTEN

Jeder Mensch ist etwas Besonderes – eine Mischung aus Stärken und Schwächen, ein Mensch mit Bedürfnissen, Gefühlen und Einstellungen.

Wenn eine behinderte Person in Ihrer Gruppe eingestellt wird, dann deshalb, weil sie einen besonderen Anteil zur Arbeit der Gruppe beitragen kann. Sie sind dafür verantwortlich, dass der neue Mitarbeiter seinen Beitrag leisten kann und dass die anderen das erkennen.

Zuerst müssen Sie herausfinden, welche besonderen Voraussetzungen erfüllt werden müssen. Muss der Arbeitsplatz eventuell anders angeordnet werden? Dann schließt sich eine speziell auf den Mitarbeiter eingehende Schulung an. Vergewissern Sie sich, dass seine Kenntnisse und Fertigkeiten voll zum Einsatz kommen.

Danach – es sei denn, es handelt sich um Ausnahmesituationen – erhält der Mitarbeiter keine Sonderbehandlung mehr. Sie gehen mit ihm genauso um, wie Sie mit anderen geschätzten Mitarbeitern der Gruppe umgehen. Alle sind Teammitglieder!

CHECKPOINT 4

Arbeiten in Ihrem Team Angestellte eines Zeitarbeitsunternehmens oder Mitarbeiter mit Zeitarbeitsverträgen? Haben sich daraus schon einmal Probleme ergeben? Haben Sie Schwierigkeiten mit ausländischen Mitarbeitern? Können Sie auf ähnliche Erfahrungen anderer Arbeitsgruppen zurückgreifen? Könnte Ihr Vorgesetzter Ihnen weiterhelfen? Ist die Mitarbeitervertretung informiert? Könnte sie Hilfestellung geben?

KAPITEL 7

Entscheidungen und Problemlösungen

INHALT

ENTSCHEIDUNGEN UND PROBLEME

Gruppenleiter und Manager sollen die zahlreichen tagtäglich an jedem Arbeitsplatz auftauchenden Probleme kompetent lösen. Durch den Aufbau von Teams gewinnt die Weiterentwicklung der Arbeitnehmer zunehmend an Bedeutung und die Teammitglieder sind jetzt – unter Anleitung des Gruppenleiters – auch teilweise für die Lösung von Problemen verantwortlich. Zum Lösen von Problemen gehört es auch, Entscheidungen zu treffen.

Manager oder Gruppenleiter müssen manchmal auch Entscheidungen treffen, wenn die Informationen so unvollständig sind, dass sich eine Antwort nicht sofort anbietet. Sie und Ihr Team sollten permanent die Augen offenhalten, ob sich Probleme ergeben, und dann entschlossen handeln. Agieren Sie, reagieren Sie nicht nur! Ihre Fähigkeit Probleme zu lösen ist ein Spiegel Ihrer inneren Haltung.

> **W**o es keine Probleme gibt, kann es keine Verbesserungen geben.

Probleme zu lösen ist eine Schlüsselaufgabe jedes Gruppenleiters und beansprucht wahrscheinlich mehr Zeit als alles andere. Optimalen Entscheidungen gehen in der Regel sechs Schritte voraus:

1. *Bestimmen Sie Ihr Ziel, kurz- und langfristig.*

2. *Bestimmen Sie das Problem.*

- Welche Indikatoren weisen darauf hin, dass es sich um ein Problem handelt?
- Wer oder was ist davon betroffen?
- Um welche Art von Problem handelt es sich?
- Welches ist der kritische Faktor?
- Warum muss es gelöst werden?
- Wann muss es gelöst werden?
- Was kostet es, das Problem zu lösen?
- Wer sollte es lösen?

3. *Denken Sie sämtliche Aspekte bis zum Schluss durch.*

- Was wird wahrscheinlich geschehen, wenn das Problem gelöst ist?
- Wer wird davon betroffen sein?
- Lassen Sie sich hier von Ihren eigenen Gefühlen beeinflussen?
- Welche anderen externen Faktoren sollten Sie berücksichtigen?
- Welches sind die wichtigsten Kriterien für die Lösung?
- Hat dieses Problem Auswirkungen auf andere Situationen?

4. *Berücksichtigen Sie alle möglichen Lösungen.*
- Welche Optionen gibt es? Notieren Sie so viele wie möglich.
- Wie sehen die zu erwartenden Endergebnisse jeder Alternative aus?
- Welches ist aus verschiedenen Perspektiven die beste Lösung? Erfüllt sie alle Kriterien und Ziele?

5. *Handeln Sie.*
- Wie und wann können Sie die Lösung umsetzen?
- Können Ziele und Endtermine festgelegt werden?
- Welche Ressourcen werden benötigt?
- Wer muss informiert werden? Wann? Wie?

6. *Fassen Sie nach.*
- Was müssen Sie als Nächstes tun?

In anderen Situationen, z. B. bei der Finanzplanung, ist eine Entscheidungsfindung auf Basis von Vergangenheitswerten wahrscheinlich angebrachter. Die vorhergehenden Entscheidungen liefern die Basis für die anstehende Entscheidung.

Die oben beschriebene Abfolge ist zwar logisch, aber es müssen zusätzlich zahlreiche andere Faktoren berücksichtigt werden. Machen Sie sich nicht ausschließlich von Tatsachen abhängig. Entscheidungen basieren auch auf Annahmen und keine Entscheidung ist ohne Risiko. Durch genaues Nachdenken verringert man das Risiko einer falschen Entscheidung. Lassen Sie sich nicht zu übereilten Schritten drängen. Und ziehen Sie keine voreiligen Schlüsse. Nehmen Sie sich Zeit alle Möglichkeiten gründlich abzuwägen und handeln Sie dann beherzt. Machen Sie sich klar, dass das Unvermeidliche unumgänglich ist.

Zwei Maximen sind wichtig:

> Schneller Entschluss bringt viel Verdruss. *Und:*
> Ihre Entscheidungen sind nur so gut wie die beste Möglichkeit, die Sie berücksichtigt haben.

Eine verbreitete Schwierigkeit besteht darin, dass wir dazu neigen, auf den ausgetretenen Pfaden zu bleiben, und selten die Grenzen des Möglichen ausloten. Es ist gar nicht so einfach sich alle Optionen klarzumachen. Und es gibt noch weitere Schwierigkeiten, beispielsweise die folgende Einstellung: „Ich habe meinen Entschluss gefasst, weitere Details würden mich nur verwirren." Eine andere Schwierigkeit besteht darin, dass man Belege für den eigenen Standpunkt sucht und Fakten, die dagegen sprechen, einfach unberücksichtigt lässt.

Bei Gruppenentscheidungen kommt noch eine weitere Schwierigkeit hinzu. Die Gruppe kann sich so in ein Problem vertiefen, dass den Beteiligten die gruppendynamischen Prozesse nicht mehr bewusst sind. Fast jeder mit einer lauten Stimme und selbstsicherem Auftreten kann die anderen dann auf seine Seite ziehen. Das führt mitunter so weit, dass die Diskussion auf einen Ansatz eingeengt wird, insbesondere wenn dieser noch von ein oder zwei weiteren Personen unterstützt wird. Dies kann schon relativ am Anfang einer Besprechung der Fall sein und wenn der Diskussionsleiter nicht wachsam ist, kann es schwierig werden Vorstellungen oder Konzepte einzubringen, die sich grundlegend vom ersten Vorschlag unterscheiden.

Abb. 7.1 **Faktoren, die Ihre Entscheidungen beeinflussen**

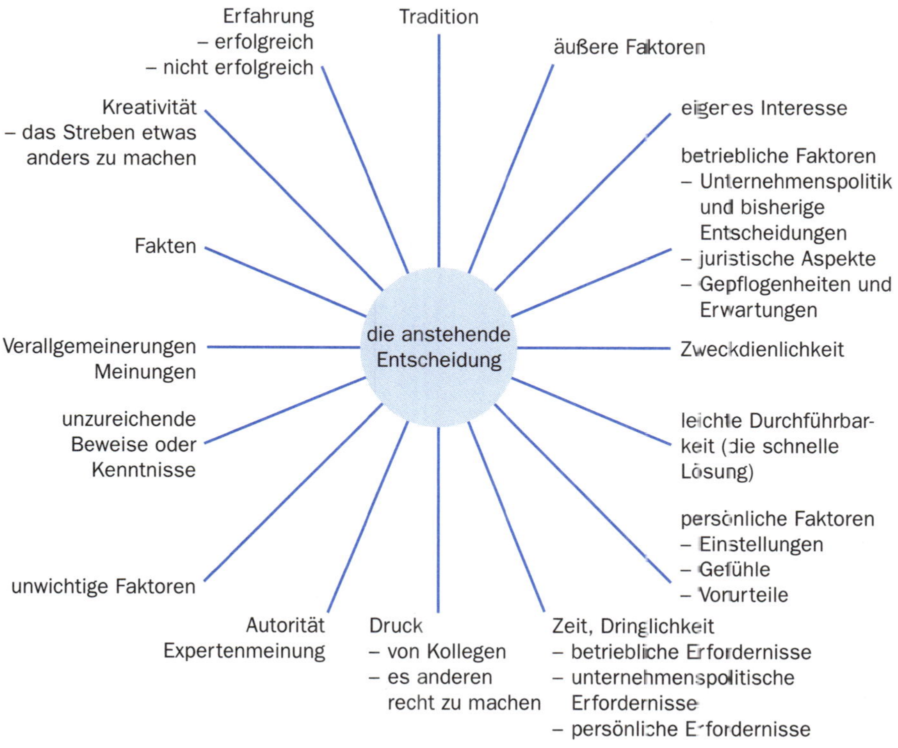

Bei allem Bemühen um eine kluge Entscheidung sollte man die Frage nicht unberücksichtigt lassen, ob sich die Entscheidung auch umsetzen lässt. Nicht selten sind das betriebliche Umfeld und die Unternehmenskultur ein wesentlicher Hemmschuh. Wahrscheinlich kennen Sie einige der folgenden Sätze zur Genüge:

„Es ist zu teuer."
„Es lässt sich nicht umsetzen."
„Es würde zu viele Veränderungen bedeuten."
„Wir haben nicht genügend Zeit."
„Wir sind zu klein."
„Lassen Sie uns den Realitäten ins Auge sehen."
„Das ist in unserem Etat nicht drin."
„Lassen Sie uns einen Ausschuss einberufen."
„Wir haben schon zu viel, über das wir uns Gedanken machen müssen."
„Lassen Sie uns das später prüfen."
„Denen da oben wird es nicht gefallen."
„Die Öffentlichkeit ist dazu noch nicht bereit."
„Da sind Sie auf dem Holzweg."
„Keine ausreichende Rendite."
„Lassen Sie es uns für einige Zeit zurückstellen."
„Und wer soll das machen?"
„Was wissen Sie schon darüber?"
„Mir ist unklar, was Sie damit erreichen wollen."
„Und wieso interessiert es Sie?"
„Das lässt sich nicht verkaufen."
„Irgendwann gibt es dafür vielleicht Bedarf."
„Was ist los? Sind Sie verrückt?"
„Der Chef wird sich totlachen."
„Das ist klasse – aber …"
„Wollen Sie damit etwa heute schon anfangen?"
„Das haben wir schon vor 25 Jahren versucht."
„Ich habe letztes Jahr darüber nachgedacht; wir haben es dann aber nicht verwendet."
„Wer braucht das?"
„Das spricht gegen jede Logik."
„Die Öffentlichkeit lacht uns aus."
„Wir haben schon genug Probleme."
„Warum soll es unbedingt jetzt gemacht werden?"
„Es ist zu gefährlich."
„Der Wettbewerb entscheidet hier."
„Das haben wir schon vor zwei Jahren ausprobiert."
„Und wofür?"
„Dafür erhalten Sie nie die Genehmigung."
„Das können Sie doch nicht ernst meinen!"
„Seien Sie doch vernünftig."
„Das ist doch nicht neu."
„Wahrscheinlich ist es illegal."
„Das ist nicht wasserdicht."
„Es passt nicht in unsere Abläufe."
„Dafür sind wir zu groß."
„Machen Sie sich nicht lächerlich."

Gruppenleiter müssen ihre Ziele in einem größeren Kontext sehen. Sie müssen sich der verschiedenen Meinungen und der dahinter stehenden Gründe bewusst sein und Gemeinsamkeiten erkennen können um Wege zu finden, mit denen sich logische und kosteneffektive Resultate erzielen lassen.

PROBLEME ERKENNEN

Als Erstes müssen Sie das Problem erkennen, und zwar das wahre Problem und nicht nur die Symptome. Das heißt, Sie müssen die Faktoren analysieren, die zu den Problemen geführt haben, und Tatsachen von Meinungen trennen. Sie benötigen Informationen, keinen Sündenbock. Man sagt, wenn man fünfmal „Warum?" fragt, käme man dem ursächlichen Problem auf die Spur:

- Warum fiel die Maschine aus?
  Sie war überbeansprucht.
- Warum war sie überbeansprucht?
  Die Kugellager waren nicht richtig geölt.
- Warum war das möglich?
  Die Ölpumpe arbeitete nicht.
- Warum arbeitete sie nicht?
  Der Pumpenschaft war defekt.
- Warum war er defekt?
  Metallspäne gelangten hinein, weil ein Schutz um den Schaft fehlte.

METHODEN DER PROBLEMLÖSUNG

Es gibt viele unterschiedliche Methoden eine Situation zu analysieren und Lösungen zu finden. Einige werden im Folgenden dargestellt. Probieren Sie sie bei passender Gelegenheit aus. Versuchen Sie aber immer, mit logischen Kriterien zu einer Entscheidung zu kommen. Nur so können Sie die beste Herangehensweise wählen.

Entscheidungsnetz

Diese Methode bringt Auswahlkriterien und Optionen zusammen und kann in vielen Situationen angewandt werden, vom Kauf eines Ausrüstungsgegenstandes bis zur Auswahl neuer Mitarbeiter.

Da einige Kriterien wichtiger sind als andere, kann man sie, z. B. anhand einer Punkteskala von maximal 100 Punkten, gewichten.

Kriterium	Gewichtung (1–100)	Optionen	Bemerkungen

Mit dem Netz kann man auch die Ursachen bestimmen:

	Problem			
	unzureichende Fertigkeiten, Kenntnisse	praktische Hindernisse	mangelnde Motivation	falsche Einweisung
Ergebnis				
Qualität				
Ausrüstung				
Arbeitsabläufe				
Kollegen				
Auswirkungen				

Bei der Frage, was ein Landwirt anbauen sollte, könnte das Entscheidungsnetz folgendermaßen aussehen:

Optionen								
Schlüsselfaktoren	Weizen	Mais	Raps	Futterrüben	Sonnenblumen	Gemüse	Erdbeeren	Brachland
Wasser								
Verdienst								
Zuschüsse								
Dauer des Pflanzzyklus								
Vermarktung								
Kultivierungskosten								
Arbeit								
Boden								
Verfügbarkeit von Saatgut								
Entwässerung								
Schädlingsbekämpfung								

Entscheidungsbaum

In bestimmten Situationen müssen die Folgen oder Auswirkungen bestimmter Optionen genau erfasst werden, damit man sie isoliert betrachten kann. Dies ist mit einem Entscheidungsbaum möglich. Auch als Planungsinstrument ist er sehr wertvoll.

An jedem Entscheidungspunkt werden die Optionen bestimmt und weiter differenziert. Mit dieser Methode stellt man sicher, dass Optionen voll ausgelotet werden und dass die letzte Entscheidung auf Basis der zu erwartenden Konsequenzen getroffen wird. Im folgenden Beispiel geht es um eine Verzögerung eines Projekts.

Abb. 7.2 Beispiel eines Entscheidungsbaums

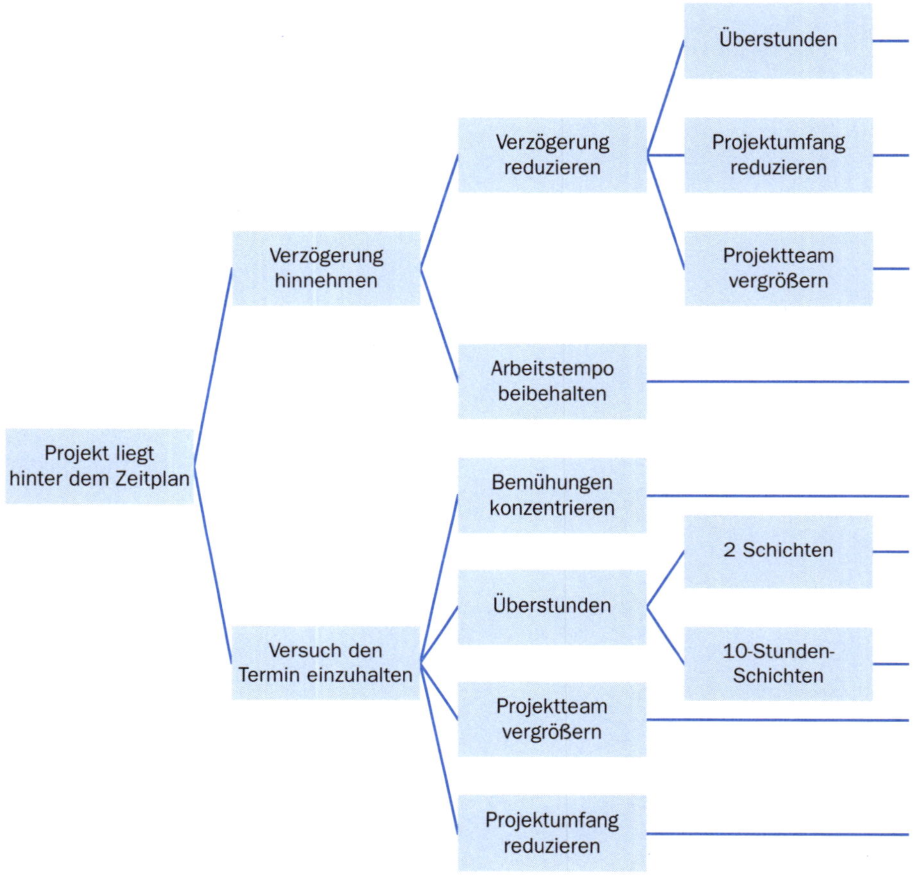

Ursachenanalyse

Mit dieser Methode untersucht man Situationen, die man verändern möchte. Dabei muss man die positiven Kräfte – die treibenden Faktoren für eine Veränderung – erkennen, die den negativen, hemmenden Kräften gegenübergestellt werden. Ein Ansatz besteht darin, die positiven Kräfte zu stärken und die negativen Kräfte zu eliminieren bzw. zu reduzieren.

Diese Methode lässt sich auch bei wichtigen persönlichen Entscheidungen, z. B. einem Wechsel der Arbeitsstelle, einem Umzug oder dem Verkauf des Hauses, anwenden. Dafür wird eine zweite Person benötigt (der Beobachter), die mit den Fakten und dem Hintergrund der Situation vertraut ist und die als Ihr „stilles“ Gewissen fungiert, sowie zwei Stühle, wovon einer die positiven Faktoren repräsentiert und der andere die negativen.

Zuerst stellen Sie alle Aspekte der Situation dar, dann setzen Sie sich auf den „positiven“ Stuhl und erzählen dem leeren Stuhl, weshalb Sie handeln sollten; nennen Sie alle Gründe (Tatsachen und Gefühle), die Ihnen einfallen. Der Beobachter hört still zu. Dann, vielleicht nach einer weiteren Diskussion mit dem Beobachter, setzen Sie sich auf den „negativen“ Stuhl und erläutern dem leeren Stuhl sämtliche Gründe, weshalb Sie eine bestimmte Haltung nicht einnehmen sollten. Es ist erwiesen, dass durch diese Verbalisierung Argumente vorgebracht werden, die ansonsten unerwähnt geblieben wären.

Brainstorming

Beim Brainstorming werden in einer Gruppe spontane Einfälle zu einem bestimmten Thema gesammelt. Durch diese Methode kann man schnell, billig und effektiv Lösungen finden. Sie umfasst folgendes Vorgehen:

1. Stellen Sie das Problem dar. In der Regel wird ein Problem von seiner negativen Seite geschildert. Ermuntern Sie die Gruppe es positiv darzustellen. So erhalten Sie verschiedene Darstellungsvarianten. Wählen Sie die Version, die am vielversprechendsten klingt und schreiben Sie sie auf.
2. Bitten Sie um mündliche Reaktionen (Brainstorming), wobei sich alle Anwesenden beteiligen sollen. Notieren Sie alles auf einer Tafel oder einer Wandzeitung. Dabei dürfen die Ideen nicht kommentiert oder kritisiert werden, denn das ließe den Strom an Ideen versiegen. An diesem Punkt ist die Anzahl an Ideen entscheidend. Ermutigen Sie kreatives Denken ohne selbst auferlegte Schranken. Schlagen Sie vor bereits notierte Ideen zu modifizieren oder zu kombinieren.
3. Bewerten Sie die gesammelten Ideen, z. B.: wichtig und machbar, möglich, unwahrscheinlich.
4. Das Team diskutiert und wählt den Vorschlag, der am ehesten die Kriterien erfüllt.
5. Erstellen Sie einen Handlungsplan und sorgen Sie für seine Umsetzung.

Dieser Ansatz ermutigt zu radikalem Denken und lotet die Grenzen des Möglichen aus. Der Diskussionsleiter darf aber keine Beschränkungen vorgeben.

Zwei weitere Methoden, bei denen es sich genau genommen um Weiterentwicklungen des Brainstormings handelt, haben sich in zahlreichen Bereichen bewährt.

Bei der *Delphi-Technik* werden mehrere Experten einzeln zu einem bestimmten Problem befragt. Dann versucht man durch Analysen, Feed-back und Neubewertung einen Konsens zu erreichen und die beste Lösung zu finden. Am häufigsten kommt folgender Ansatz zur Anwendung:

- Jede Person notiert anonym die bevorzugte Antwort.
- Die Antworten werden dann zusammengetragen, analysiert und es wird eine Liste erstellt.
- Jede Person studiert die Liste und notiert wieder die bevorzugte Antwort.
- Ein zweites Mal werden die Antworten zusammengetragen und analysiert.
- Die Zusammenfassung wird dann in der ganzen Gruppe diskutiert, die Antworten werden entsprechend ihrer Priorität aufgelistet und über das Konsensprinzip wird die beste Lösung gesucht.

Mit dieser Methode werden Kommunikationsschranken, z. B. eine verdeckte Tagesordnung oder persönliche Konflikte, minimiert und die Aufmerksamkeit richtet sich auf das Hauptproblem.

Die *Nominal-Group-Technik* hat ähnliche Eigenschaften. Die Methode zielt darauf ab, ein aktives Team zu bilden, das sich dem Ziel verpflichtet weiß eine Lösung zu finden.

- Jede Person denkt einzeln über das Problem nach, überlegt, welche Möglichkeiten es gibt, und notiert Vorschläge.
- Diese Ideen werden dann der Reihe nach zusammengetragen (je Person und Runde ein Vorschlag).
- Dann bewertet jede Person die gesammelten Ideen, indem sie 5 Punkte für die beste Lösung, 4 für die zweitbeste usw. vergibt.
- Die Abstimmungsergebnisse werden addiert. Die besten Vorschläge werden diskutiert und die beste Lösung wird bestimmt.

Mind-Mapping

Mind-Mapping ist eine Art Brainstorming auf Papier. Die Menschen werden zwar dazu erzogen, linear zu denken und alles in Listen zu erfassen, doch das Gehirn funktioniert in Wirklichkeit ganz anders, nicht immer streng logisch und geordnet, sondern häufig assoziativ und sprunghaft. Wenn man Gedanken in Listenform presst, können wertvolle Ideen verloren gehen. Diese Tatsache wird beim Mind-Mapping berücksichtigt. Ein Beispiel für das Ergebnis eines solchen Mind-Mappings finden Sie im Vorwort, ein weiteres Beispiel auf Seite 133.

Versuchen Sie zuerst das Problem zu spezifizieren. Schreiben Sie es in die Mitte der Tafel. Dann bauen Sie mit den aufkommenden Ideen weiter an. Gehen Sie jeder Idee auf den Grund, gehen Sie den Gedanken nach, die Sie mit der Überschrift assoziieren, und markieren Sie Beziehungen untereinander durch Linien. Wenn die Betriebskosten beispielsweise zu hoch sind, könnte die Tafel folgendermaßen aussehen:

Abb. 7.3 **Mind-Mapping zum Problem zu hoher Betriebskosten**

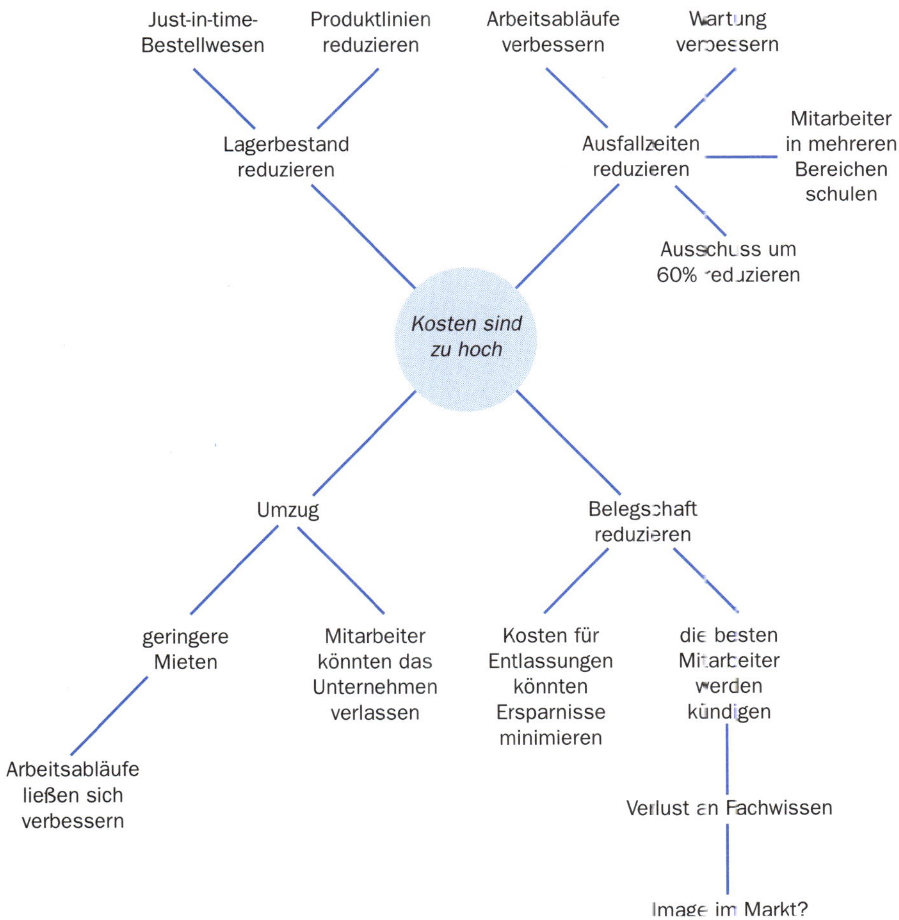

Ursache-Wirkungs-Analyse

Auch bei dieser Methode ist das Team beteiligt. Das erstellte Diagramm kann das Ergebnis von Brainstorming sein. „Wirkung" ist in diesem Fall das Ergebnis, das auf einen der folgenden Gründe zurückgeht: Menschen, Arbeitsablauf, Ausrüstung, andere Gründe.

Durch die Methode sollen die Faktoren bestimmt werden, die entweder allein oder in Kombination für ein Problem verantwortlich sind. Kleine Arbeitsgruppen können die Analysen durchführen, problematische Bereiche bewerten und weitere Schritte empfehlen oder einleiten.

Abb. 7.4 **Ursache-Wirkungs-Analyse bei schlechten Berichten**

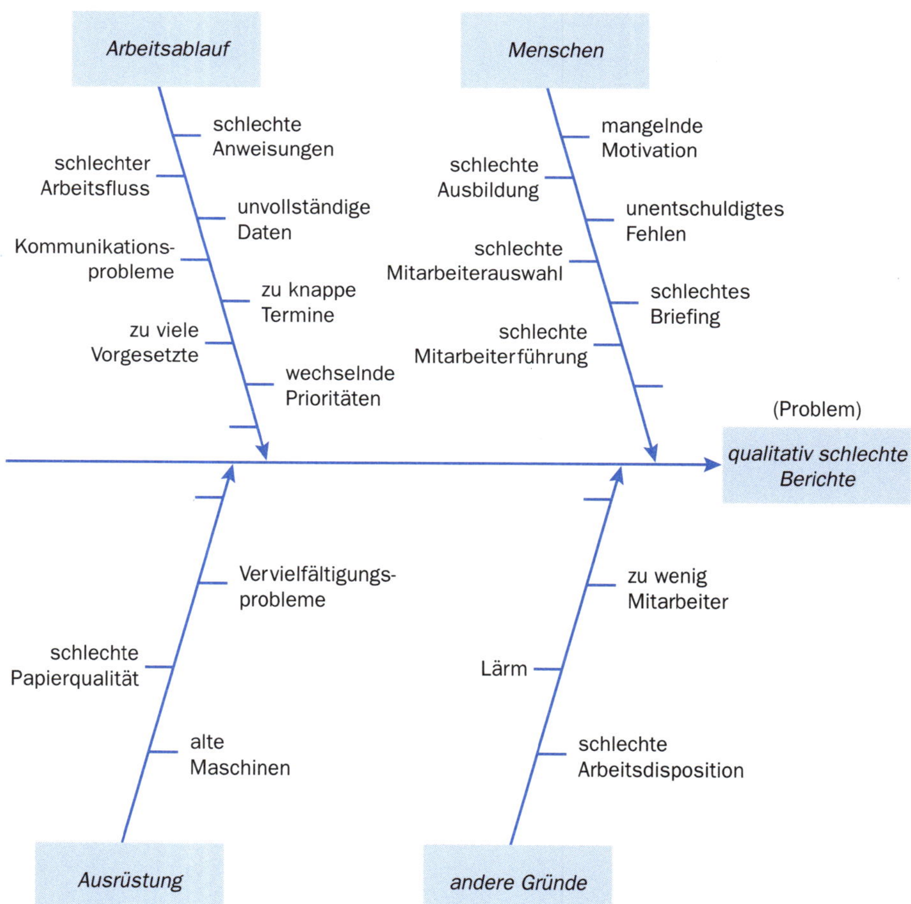

Schnelles Treffen guter Entscheidungen

Die Arbeit von Gruppenleitern verlangt häufig schnelle Entscheidungen und der Ruf eines Gruppenleiters hängt von dem Erfolg dieser Entscheidungen ab.

Der folgende Stufenplan wurde in vielen unterschiedlichen Situationen ausprobiert und hat sich als äußerst effektiv erwiesen. Solange Sie noch den Umgang mit dem Plan üben, sollten Sie einen entsprechenden Vordruck ausfüllen; mit zunehmender Routine können Sie auf die schriftliche Darstellung verzichten. Über folgende Fakten müssen Sie sich klar werden:

- Situation,
- Ziel,
- Fakten,
- das ursächliche Problem,
- Optionen,
- Lösung,
- Vorgehen.

Bei der Suche nach Problemlösungen wird gewöhnlich länger über die Symptome als über die Gründe nachgedacht. Bei der Anwendung des folgenden Verfahrens hat sich gezeigt, dass sich sehr häufig bei der Überprüfung der relevanten Fakten das ursprüngliche Problem geändert hatte und die zugrunde liegende Ursache klar wurde.

Problemlösungen

1. *Was scheint das Problem zu sein?*

2. *Was ist das Ziel (kurz- und langfristig)?*

3. *Welche Tatsachen müssen berücksichtigt werden?*
   Tatsachen, keine Meinungen! Nennen Sie *alle* relevanten Tatsachen. Fragen Sie fünfmal „Warum“ um von den Symptomen zur Ursache zu kommen (siehe Seite 135). Berücksichtigen Sie die beteiligten Mitarbeiter, alle wichtigen Arbeitsabläufe und andere Faktoren, die eine Rolle spielen.

4. *Was hat sich als ursächliches Problem gezeigt?*

5. *Welche Optionen gibt es?*
   Denken Sie umfassend und geben Sie sich nicht mit den zwei oder drei offensichtlichen Optionen zufrieden. Brainstorming kann hilfreich sein. Berücksichtigen Sie die Vor- und Nachteile jeder Option, einschließlich der Kosten- und Zeitkomponente. Prüfen Sie Ihre Optionen, indem Sie fragen: „Was wäre, wenn ...?“ Könnten dadurch neue Probleme entstehen?

6. *Die beste Möglichkeit ist:*

7. *Handlungsplan*

Wenn Sie nach viel Zeit und Mühe eine gute Lösung für ein Problem gefunden, die wahren Schwierigkeiten aber noch gar nicht identifiziert haben, arbeiten Sie ineffizient.

Die Wahl der besten Option

Wie wählt man die beste Option aus, nachdem man mit den beschriebenen Methoden verschiedene Alternativen gesammelt hat? Es gibt folgende Möglichkeiten:

1. Man ordnet tabellarisch den Kriterien, die eine Lösung erfüllen muss, die verschiedenen Optionen zu.
2. Man bewertet die verschiedenen Optionen mit „nicht zufrieden stellend“, „durchschnittlich“, „erfüllt alle Kriterien“ oder vergibt Noten einer Bewertungsskala.
3. Man vergleicht nacheinander jeweils zwei Optionen miteinander und sondert die schlechtere aus, bis man die beste Möglichkeit gefunden hat.
4. Man bestimmt – am besten tabellarisch – die möglichen Folgen, die bei Annahme einer Option auftreten würden, überlegt, was schief laufen könnte, und bewertet die Wahrscheinlichkeit und die möglichen Auswirkungen.

5. Auch durch die Delphi-Technik und die Nominal-Group-Technik (siehe Seite 140) kann man zu Lösungen kommen.
6. In manchen Situationen muss man eine Entscheidung treffen ohne über alle erforderlichen Informationen zu verfügen. In diesem Fall gibt es drei logische Schritte:

   - Entscheiden Sie für jede Option, ob der schlimmste Fall toleriert werden könnte.
   - Entscheiden Sie für jede Option, ob der beste Fall wahrscheinlich und vorteilhaft genug ist um einen möglichen Fehler zu riskieren.
   - Wählen Sie die Option mit der besten Relation.

CHECKPOINT 1

Haben Sie verschiedene Methoden der Problemlösung ausprobiert? Welche hat sich am besten bewährt und warum? Haben Ihre Mitarbeiter die Möglichkeit zur Problemlösung beizutragen? Machen sie Gebrauch davon? Wie könnten Sie sie noch stärker einbeziehen?

PROBLEMLÖSUNG IM TEAM

Die Erkenntnis, dass ein Team, das Verantwortung für die eigene Leistung übernimmt, mehr erreicht, bedeutet auch, dass man Teams stärker in die Lösung von Problemen und die Entscheidungsfindung einbeziehen sollte. Eine Ihrer Aufgaben in der Aus- und Weiterbildung besteht darin, Ihrer Arbeitsgruppe das dafür erforderliche Rüstzeug an die Hand zu geben.

Dazu gehört mehr als nur die Vermittlung von Methoden, wie sie in diesem Buch beschrieben sind. Sie sollten sich über die möglichen Auswirkungen auf das Verhalten des Teams im Klaren sein. Folgende Ergebnisse sind möglich:

- Diskussionen innerhalb des Teams können individuelle Meinungsverschiedenheiten beilegen und meistens wird eine faire Lösung für alle Beteiligten gefunden.
- Die gesteckten Ziele werden wahrscheinlich hoch sein und müssen nach einer Probephase eventuell angepasst werden.

- Wenn das Team nicht unnötig kritisiert wird, wird es sich selbst konstruktiv leiten und Herausforderungen an die eigene Leistung annehmen. Stolz wird zum Antrieb.
- Auf einer gleichberechtigten Basis wird das Team die angenehmen und die weniger angenehmen Aufgaben fair teilen.
- Sobald sich Vertrauen entwickelt hat, wird das Team auch andere Optionen prüfen und radikalere Lösungen von Problemen suchen.
- Ihre Aufgabe als Gruppenleiter wird zunehmend die eines Moderators und eines Beraters werden.

Sie müssen nicht alle Probleme selbst lösen. Ihre Arbeitsgruppe ist ein großes Potenzial. Häufig kennen die Mitarbeiter die Probleme besonders gut und haben ihre eigenen Ideen, was Lösungen betrifft. Nutzen Sie diese Quelle.

In einigen Unternehmen bezeichnet man den Teamansatz bei Problemlösungen als *Quality Circle.* Ein Quality Circle besteht aus einer Gruppe von Mitarbeitern unter Leitung des Gruppenleiters, die sich regelmäßig während der Arbeitszeit – gewöhnlich eine Stunde pro Woche – trifft um Problemlösungsstrategien zu erarbeiten, sie auf die Probleme des Arbeitsbereiches anzuwenden und die Lösungen den Vorgesetzten oder der Geschäftsleitung vorzustellen. Quality Circle haben folgende Ziele:

- Fehler minimieren und die Qualität verbessern,
- Arbeitsgruppen durch mehr Einbeziehung und gestiegene Motivation stärken,
- persönliche Weiterentwicklung und die Entwicklung von Führungspersönlichkeiten fördern,
- Fähigkeiten in der Gruppe fördern, Probleme selbst zu lösen,
- Engagement für höhere Produktivität erzielen.

Ausschlaggebend für den Erfolg von Quality Circlen ist das dauerhafte Engagement und Interesse der Unternehmensführung an den Zielen der Teams und die Anerkennung ihrer Bemühungen. Ohne diese Voraussetzungen wird der Enthusiasmus für die Aufgaben der Quality Circles schnell nachlassen.

CHECKPOINT 2

Gibt es in Ihrer Abteilung Quality Circles? Rechtfertigen die Ergebnisse den Aufwand? Werden die Vorschläge in die Praxis umgesetzt?

PROBLEME MIT DER LEISTUNG EINZELNER MITARBEITER

Wahrscheinlich gehört dieser Abschnitt zu den wichtigsten dieses Buches, denn früher oder später müssen Sie mit einem Mitarbeiter über dessen schlechte Leistung sprechen. Wenn Sie die hier beschriebene Methode beherrschen, wissen Sie, wie Sie mit derartigen Problemen in den meisten Fällen umgehen können.

Sie sind für das Ergebnis der Gruppe verantwortlich; daher ist die Leistung jedes einzelnen Mitarbeiters wichtig. Aus verschiedenen Gründen kann die Leistung manchmal nicht dem geforderten Standard entsprechen. Sobald Sie das feststellen, müssen Sie handeln. Das erfordert bestimmte Fertigkeiten.

1. *Sie können sich mit dem Problem beschäftigen oder es ignorieren* und hoffen, dass es sich von allein löst, was normalerweise nicht der Fall ist. Das Problem wird sich verschlimmern.

2. *Analysieren Sie die Situation.* Sind für den Krisenfall bestimmte Standards vorgesehen? Sind sie klar definiert, beiderseitig akzeptabel und von beiden Seiten verstanden? Reagieren Sie an diesem Punkt vielleicht übertrieben? Wie viel Schuld an dem Fehler tragen Sie? Welche Emotionen spielen eine Rolle? Welche Reaktion möchten Sie erreichen? Wie sehen die bisherigen Beurteilungen des Mitarbeiters aus? Bereiten Sie sich auf eine Diskussion mit dem Mitarbeiter vor.

3. *Führen Sie ein Gespräch.* Dabei kommt es besonders auf Einfühlungsvermögen an. Bemühen Sie sich um eine sachliche, emotionslose Verständigungsbasis und um eine gleichberechtigte Kommunikation, die die Selbstachtung fördert oder aufbaut. Beziehen Sie auch die Gefühle des Mitarbeiters in die Diskussion mit ein. Stellen Sie Tatsachen schlicht und frei von Meinungen und Informationen aus dritter Hand dar.

Wenn Sie den Mitarbeiter angreifen oder er das annimmt, führt dies unmittelbar zu negativen Reaktionen und einem Scheitern der erhofften Kooperation. Ihr Ziel sollte es sein, die Probleme gemeinsam zu lösen. Suchen Sie positive, keine negativen Antworten. Hören Sie zu. Ermutigen Sie Ihr Gegenüber

Gefühle auszudrücken und Lösungen vorzuschlagen. Prüfen Sie alle Optionen. Bereiten Sie gemeinsames Vorgehen vor.

4. *Prüfen Sie das Problem und die Lösung.* Wie zufrieden sind beide Parteien? Gewinnen durch die Lösung beide oder nur eine Partei? Was haben Sie wirklich erreicht? Haben Sie das Ziel erreicht? Wie gehen Sie weiter vor?

SCHWIERIGKEITEN BEI DER UMSETZUNG

Wenn Sie ein Problem gelöst oder eine Entscheidung getroffen haben, ist die Angelegenheit damit noch nicht erledigt. Der letzte Schritt ist die Umsetzung.

Wahrscheinlich kennen Sie aus eigener Erfahrung Situationen, in denen eine gute Entscheidung daran gescheitert ist, dass sie von der Verwaltung schlecht umgesetzt wurde. Daher ist es wichtig eine Atmosphäre zu schaffen, in der die Umsetzung problemlos möglich ist. Dies setzt Planung und Kommunikation voraus, gegebenenfalls müssen Sie nachfassen.

Jede der folgenden Fragen muss berücksichtigt werden, denn auch nur ein Fehler in diesem Bereich kann Ihre gesamten bisherigen Bemühungen zunichte machen:

- Was soll durch die Umsetzung erreicht werden? Wer muss dazu was bis wann tun?
- Wie soll das Vorgehen aussehen? (Wenn dieser Punkt Bestandteil der Empfehlung ist, kann er häufig die Annahme sicherstellen.)
- Wer ist für die Schritte verantwortlich? Wer für die Koordination?
- Wer wird davon wie betroffen sein?
- Was sollte man den betroffenen Personen mitteilen? Wer soll das wann übernehmen? Welche Informationen können vorab bekannt gegeben werden?
- Sind die zu erwartenden Vorteile bekannt? Welche möglichen Probleme gibt es?
- Was könnte die Umsetzung verhindern oder verlangsamen?
- Wer oder was könnte die Umsetzung erleichtern?
- Welche Auswirkungen auf andere Aufgaben oder Abteilungen könnten sich ergeben?

CHECKPOINT 3

Können Sie sich an eine Situation erinnern, in der Schwierigkeiten bei der Umsetzung auftraten? Was lief schief? Warum? Steht eine ähnliche Situation wieder bevor? Was muss getan werden um einen Erfolg sicherzustellen?

Wenn die Umsetzung Auswirkungen auf Mitglieder Ihrer Arbeitsgruppe hat, sollten Sie überlegen, ob und in welchem Maße Sie sich bei der Entscheidungsfindung mit ihnen beraten. In manchen Situationen müssen Sie allein handeln. In anderen Situationen können Sie die Gruppe entscheiden lassen. Wenn die Gruppenmitglieder beispielsweise alle an den gleichen Maschinen arbeiten und eine neue Maschine geliefert wird, wer soll sie bekommen? Die Entscheidung muss von allen als gerecht empfunden werden. Trifft das Team die Entscheidung, wird die Angelegenheit im Einklang mit den Wertvorstellungen der Gruppe geregelt.

KAPITEL 8

Gesundheit und Sicherheit am Arbeitsplatz

INHALT

DIE AUFGABEN DES GRUPPENLEITERS

Eine Ihrer wichtigsten Aufgaben ist es, sich um die Sicherheit am Arbeitsplatz zu kümmern. Sie müssen Gefahrenquellen erkennen, bewerten und so schnell wie möglich beseitigen. Dazu gehören verschiedene Aspekte.

Leitungsbefugnis und gemeinsame Verantwortung

Was Sie tun, hat mehr Gewicht als das, was Sie sagen; Sie müssen daher immer ein gutes Vorbild sein. Sie sollten nichts tun und keine Verhältnisse akzeptieren, die eine Gefahrenquelle sind oder werden könnten. Die Verantwortung für sichere Arbeitsbedingungen oder Vorsichtsmaßnahmen sollte mit den Teammitgliedern geteilt werden, doch sollten Sie in diesem Bereich alles überwachen, denn was nicht überprüft wird, verschlechtert sich. Ermutigen Sie jedes Teammitglied über die Bedeutung von Sicherheit am Arbeitsplatz nachzudenken und etwas gegen Gefahren bei der Arbeit und am Arbeitsplatz zu unternehmen.

Die Arbeitnehmervertreter teilen Ihre Sorge um die Gesundheit und Sicherheit der Arbeitnehmer. Beziehen Sie sie daher mit in Ihre Bemühungen ein.

Einhalten der gültigen Richtlinien

Die gesetzlichen Bestimmungen des Arbeitsschutzes verlangen die Beachtung besonderer Sicherheitsmaßnahmen. Lassen Sie sich von Ihrem Vorgesetzten die gesetzlichen Auflagen erläutern und möglichst schriftlich aushändigen. Stellen Sie sicher, dass jedes Teammitglied diese Bestimmungen kennt und versteht. Eventuell *müssen* die Bestimmungen sogar ausgehängt werden. Unabhängig davon sollten Sie sich darum kümmern, dass die Mitarbeiter sich der Wichtigkeit bewußt sind.

Besteht die Belegschaft aus verschiedenen Nationalitäten, sollten Sie die Übersetzung der ausgehängten gesetzlichen Bestimmungen veranlassen.

Aufrechterhalten sicherer Arbeitsbedingungen

Ein ordentlicher, sauberer Arbeitsplatz, regelmäßige Wartung der Anlagen, der Ausrüstung und des Werkzeuges, das Tragen von Sicherheitskleidung und sichere Arbeitsgewohnheiten sind in klassischen Produktionsbetrieben sehr wichtig. Viele Unfälle passieren aber auch in Büros, sodass hier ebenso besondere Sorgfalt erforderlich ist.

Regen Sie die Mitarbeiter dazu an, sich ihren Arbeitsplatz täglich mit neuen Augen anzusehen und nach möglichen Gefahren Ausschau zu halten. Tauschen Sie mit einem anderen Gruppenleiter und nehmen Sie gegenseitig eine strenge Sicherheitsprüfung vor.

Auch in diesem Bereich sollte die Verantwortung gemeinsam getragen werden, denn Arbeitnehmer sind gesetzlich verpflichtet auf ihre Gesundheit,

Sicherheit und das eigene Wohlergehen zu achten und zu vermeiden, absichtlich die Gesundheit und Sicherheit einer anderen Person zu beeinträchtigen. Die Mitarbeiter kennen ihren eigenen Arbeitsplatz am besten und können daher bei Gesundheits- und Sicherheitsfragen einen wesentlichen Beitrag leisten.

Sicherheitstraining und Sicherheitsübungen

Falls Fertigkeiten anhand von Arbeitsblättern vermittelt werden, führen Sie eine weitere Spalte „Sicherheitsfaktoren" ein um die zur Vermeidung von Gefahren erforderlichen Schritte zu betonen.

Die Mitarbeiter müssen über Maschinenschutzvorrichtungen, Augenschutz, den Umgang mit gefährlichen Gütern, Hebetechniken, das Verhalten im Falle eines Feuers, einer Überschwemmung und eines Erdbebens usw. informiert sein. Wenn Sie dieses Training nicht selbst durchführen wollen oder können, diskutieren Sie mit Ihrem Vorgesetzten, wer das übernehmen könnte. Achten Sie aber auf jeden Fall auf eine regelmäßige Schulung der Mitarbeiter in diesem Bereich.

Planen Sie Zeit für Sicherheitstrainings ein und führen Sie praktische Sicherheitsübungen durch. Wissen Sie, ob im Unternehmen für den Fall eines größeren Unfalls ein Plan vorliegt, der genau regelt, wer wie vorgehen soll und wer die betreffenden Personen unterstützt? Was ist Ihre Aufgabe und die Aufgabe Ihrer Gruppe? Ist jeder darüber informiert? Wissen Sie, wer mit den Medien sprechen darf?

Erste Hilfe und medizinische Versorgung

Im Falle eines Unfalls muss bei starken Blutungen, bei Herz- und Atemstillstand und Schockzuständen sofort gehandelt werden; die meisten anderen Verletzungen können durch den Rettungsdienst versorgt werden. Könnten Sie helfen? Wissen Sie, wie Sie im Notfall Hilfe holen? Enthält der Verbandskasten eine aktuelle Liste der Mitarbeiter, die erste Hilfe leisten können, mit Angaben, wo sie arbeiten? Wann haben Sie zuletzt an einem Erste-Hilfe-Lehrgang teilgenommen?

Wirkungsvolles Unfallberichtswesen

Das Gesetz verlangt, dass Arbeitsunfälle protokolliert werden. Diese Aufzeichnungen können dabei helfen, Unfallursachen zu bestimmen und zu korrigieren.

Die meisten Unternehmen haben ihre eigenen Vordrucke für Arbeitsunfälle. Auf jeden Fall sollten die folgenden zwei Fragen beantwortet werden: Was hat den Unfall verursacht? Was muss getan werden, damit dies in Zukunft vermieden wird? Ihre Unfallberichte sollten mit einer Empfehlung enden.

Arbeitsunfälle ereignen sich nicht im luftleeren Raum. Sie werden durch das Verhalten einzelner Personen, in der Regel von Mitgliedern eines Teams, verursacht. Bei einigen Mitarbeitern oder in einigen Gruppen häufen sich Unfälle. Bestimmte Arbeitsplätze sind gefährlicher als andere. Wie sieht die Statistik in Ihrem Unternehmen aus? Sie sollten sie kennen.

Unfälle sind immer sehr kostspielig. Es fallen nicht nur direkte Kosten für medizinische Versorgung und Entschädigung an, sondern auch indirekte Kosten, beispielsweise

- Arbeitszeitausfall anderer Mitarbeiter,
- Arbeitszeitausfall der Gruppenleiter,
- Beschädigung der Werkzeuge, Ausrüstung oder Anlage,
- unverkäufliche Produktion,
- Produktionsausfall,
- Kosten für die Einstellung und Ausbildung eines neuen Mitarbeiters.

Schätzungen zufolge übersteigen die indirekten Kosten eines Arbeitsunfalls die direkten Kosten mindestens neunmal. Hinsichtlich Arbeitszeit- und Produktionsausfall kann ein Beinaheunfall fast genauso teuer sein.

CHECKPOINT 1

Wird dieser Bereich in Ihrer Arbeitsplatzbeschreibung berücksichtigt? Wenn nicht, warum? Haben Sie Aufzeichnungen über die Unfälle der letzten fünf Jahre in Ihrem Arbeitsbereich? Haben Sie Aufzeichnungen darüber, welche Kosten durch die Unfälle verursacht wurden? Beispielsweise Arbeitszeitausfälle der Mitarbeiter oder der Maschinen? Wie häufig wird das Thema Sicherheit zwischen Ihnen und Ihrem Vorgesetzten diskutiert? Gibt es eine abgestimmte Sicherheitspolitik? Bestehen anerkannte Sicherheitsrichtlinien?

SICHERHEITSPRÜFUNGEN

Arbeitssicherheit kann zur Gewohnheit werden und ein unfallfreier Arbeitsablauf ist etwas, worauf das Team stolz sein wird. Diese Einstellung kann unterstützt werden, indem man eine Statistik aushängt: „... Tage unfallfrei“. In diesem Bereich müssen Sie sich als Führungskraft messen lassen. Selbst wenn es im Unternehmen einen Sicherheitsbeauftragten gibt, sind Sie für die Sicherheit in Ihrem Team verantwortlich. Der Sicherheitsbeauftragte sollte Sie allerdings unterstützen.

Führen Sie regelmäßige Sicherheitsüberprüfungen durch. Übertragen Sie diese Aufgabe gelegentlich auch Teammitgliedern; so erhöhen Sie das Sicherheitsbewusstsein im Team. Sicherheit sollte Thema bei allen Mitarbeiterbesprechungen sein.

Ihre Verantwortung umfasst die Mitarbeiter, die Arbeitsmethoden und den Arbeitsbereich mit seinen Bestandteilen. *All diese Faktoren müssen sicher sein!* Darüber hinaus tragen Sie Verantwortung in zwei weiteren Bereichen:

Rehabilitation

Unfälle oder Beinaheunfälle haben Folgen für die Mitarbeiter, physisch, etwa in Form einer Behinderung, und/oder psychisch. Psychische Folgen können sich in einem Verlust an Selbstvertrauen oder in Verhaltensänderungen zeigen. Solange ein solcher Mitarbeiter zu Ihrem Team gehört, müssen Sie sich um ihn kümmern.

Zur erforderlichen Rehabilitation können ruhige Gespräche, eine erneute Schulung, Veränderungen am Arbeitsplatz oder ein anderes Aufgabengebiet gehören. Die Rehabilitation muss der Situation angemessen sein und so lange wie nötig aufrechterhalten werden.

Ein schwerer Unfall oder Vorfall kann große Auswirkungen haben und einen Teil oder alle Mitarbeiter des Teams betreffen. Manchmal ist Hilfe von außen erforderlich um die Normalität wieder herzustellen. In einer solchen Situation hängt viel von Ihnen als Leader ab und von dem Zusammenhalt und der Unterstützung Ihres Teams, das sich den veränderten Umständen anpassen muss. Besondere Aufmerksamkeit müssen Sie in solch einer Situation den Prioritäten und dem Delegieren von Aufgaben beimessen.

Umwelt

Ihre Arbeitsgruppe und das Unternehmen sind Teil eines größeren Umfelds, zunächst in der Kommune, weiter gesehen in der Gesellschaft. Der Verantwortung für die Umwelt kommt höchste Priorität zu. In vielen Fällen entspricht dieser Forderung auch die Gesetzgebung. In erster Linie liegen Umweltfragen in der Verantwortung des Gesamtunternehmens. Sie sollten mit Ihren Vorgesetzten aber die Verpflichtungen diskutieren, die auf Ihre Gruppe übertragen werden könnten. Sprechen Sie dann mit Ihren Mitarbeitern darüber. entwickeln Sie gemeinsame Konzepte und setzen Sie sie um.

CHECKPOINT 2

Arbeitet Ihr Team mit Stoffen, die die Umwelt gefährden, oder werden Umwelt gefährdende Verfahren eingesetzt? Kennen Sie die damit in Zusammenhang stehenden Sicherheitsvorschriften? Gibt es in Ihrem Unternehmen einen Umweltbeauftragten? Haben Sie schon einmal die Arbeit Ihres Teams mit ihm besprochen?

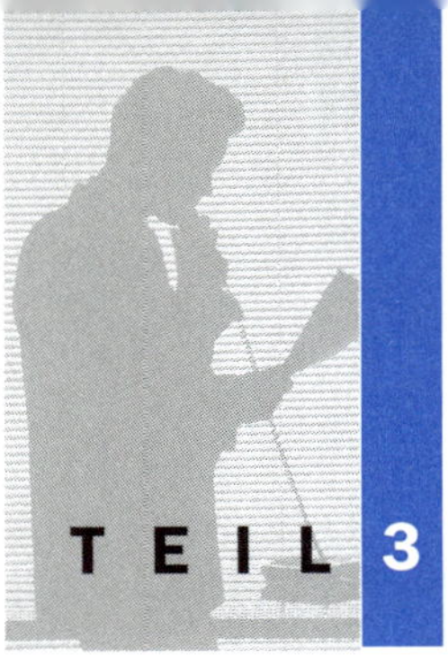

Teil 3

Teamführung

KAPITEL 9

Aufbau und Entwicklung eines Teams

INHALT

- **Warum arbeiten Menschen gut?**
- **Unterstützung und Beratung**
- **Mitarbeiterförderung**
- **Mit dem Team gewinnen**
- **Führungsaufgaben**
- **Veränderungen einleiten**

WARUM ARBEITEN MENSCHEN GUT?

„Aus welchen Gründen arbeiten Menschen?“. Diese Frage lässt sich relativ leicht beantworten: Geld, soziale Kontakte am Arbeitsplatz, persönlicher Ehrgeiz, eine innere Arbeitsethik. Natürlich muss das Gehalt angemessen sein und als fair empfunden werden. Das allein genügt jedoch nicht, wenn die Mitarbeiter in jeder Hinsicht überdurchschnittliche Leistung erbringen sollen. Unter welchen Voraussetzungen also leisten sie die beste Arbeit?

Die Antworten variieren, aber folgende Punkte werden in der Regel genannt:

- *Ziel:* „Meine Arbeit ist interessant und abwechslungsreich. Ich bin Teil eines Teams. Wir wissen, weshalb unsere Arbeit wichtig ist, und der geforderte Standard ist angemessen."
- *Teilnahme:* „Andere Teammitglieder sind auf mich angewiesen. Meine Ideen finden Gehör. Der Chef diskutiert wichtige Angelegenheiten mit uns."
- *Anerkennung:* „Ich finde Anerkennung als Person und für die Arbeit, die ich leiste. Gute Arbeit wird belohnt und ich erhalte erforderlichenfalls Hilfe. Ich fühle mich dem Team zugehörig."
- *Kommunikation:* „Ich weiß, wie gut meine Arbeit ist, wo ich hineinpasse, was um mich herum vorgeht und warum. Veränderungen werden im Voraus mit uns diskutiert und man legt Wert auf unsere Ideen."
- *Angemessenes Gehalt:* „Mein Gehalt ist meinen Fertigkeiten, Voraussetzungen, der Bedeutung des Arbeitsplatzes und meinen Bemühungen angemessen. Außerdem ist es fair im Verhältnis zu anderen."
- *Lernen:* „Ich werde ermutigt neue Fertigkeiten zu entwickeln und neue Kenntnisse zu erwerben. Ich kenne die Eckpunkte meines eigenen Vorankommens."
- *Teamarbeit:* „Wir kennen das Ziel. Wir kennen die Bewertung. Wir sind stolz darauf, ein erfolgreiches Team zu sein."

CHECKPOINT 1

Können Ihre Mitarbeiter dies von sich behaupten? Falls nicht, sollten Sie in diesem Bereich etwas unternehmen?

> Ein Unternehmen ist nur so gut wie seine Mitarbeiter.
> Die Mitarbeiter sind nur so gut, wie es das Unternehmen ermöglicht.

Glauben Sie nicht, Sie könnten Ihren Mitarbeitern die Motivation vorgeben, dies funktioniert nicht. Nur der verinnerlichte Antrieb etwas zu tun ist Motivation. Sie können nur motivierende Rahmenbedingungen schaffen. Und dies sollte Ihre höchste Priorität sein.

Jeder Mitarbeiter hat eine eigene Motivation; versuchen Sie herauszubekommen, um was es sich handelt. Erkennen Sie persönliche Stärken, damit Sie sie nutzen können. Das ist wesentlich produktiver als Schwächen zu suchen und zu erwarten, dass die Menschen sich ändern. Alle Mitarbeiter sollten wissen, dass Sie von ihnen bestmögliche Leistung erwarten. Machen Sie sich dabei die Erkenntnis zu Nutze, dass *Menschen dazu neigen, die Erwartungen anderer zu erfüllen.*

Es könnte interessant und nützlich sein bei einer Mitarbeiterbesprechung herauszufinden, wie Ihre Mitarbeiter die Arbeit und das Umfeld empfinden. Bitten Sie sie die auf dem folgenden Arbeitsblatt aufgeführten Punkte zunächst einzeln zu bewerten und führen Sie dann eine konstruktive auf Verbesserungen ausgerichtete Diskussion.

Unsere Arbeitsgruppe

■ Wir haben klare Ziele.	1 2 3 4 5 6	Wir kennen unsere Ziele nicht genau.
■ Der Informationsfluss von den Vorgesetzten zur Basis und umgekehrt funktioniert gut. Wir wissen immer, was anliegt. Man hört auf unsere Meinung.	1 2 3 4 5 6	Niemand sagt uns etwas. Die meisten Informationen erhalten wir über die Gerüchteküche.
■ In der Regel arbeiten wir sehr gut zusammen.	1 2 3 4 5 6	Es gibt relativ oft Konflikte und wir arbeiten nicht besonders gut zusammen.
■ Wir wollen gute Ergebnisse erzielen und sind stolz auf unsere Leistung.	1 2 3 4 5 6	Es ist halt ein Job, bei dem uns andere sagen, was wir tun sollen.
■ Veränderungen und ihre möglichen Auswirkungen werden mit uns diskutiert, bevor sie eingeführt werden.	1 2 3 4 5 6	Wir werden über Veränderungen erst informiert, nachdem sie eingeführt wurden. In der Regel stehen wir Veränderungen negativ gegenüber.

Unsere Arbeitsgruppe (Fortsetzung)

■ Beschwerden werden umfassend und offen diskutiert, man bemüht sich um schnelle Abhilfe.	1 2 3 4 5 6	Beschwerden werden nicht gut gehandhabt. Sie bleiben unerledigt und nagen dann an uns.
■ Uns wird eine Aufgabe übertragen und wir werden ermutigt damit allein klarzukommen.	1 2 3 4 5 6	Irgendjemand steht immer hinter uns.
■ Die Gruppe ist selbst für die Disziplin verantwortlich.	1 2 3 4 5 6	Die Kollegen warten nur auf eine Gelegenheit sich irgendwo durchzumogeln.
■ Wir suchen nach Möglichkeiten etwas zu verbessern.	1 2 3 4 5 6	Der Rahmen ist vorgegeben, also halten wir uns daran.
■ Es ist ein gutes Gefühl zum Team zu gehören.	1 2 3 4 5 6	Hier zu arbeiten ist nichts Besonderes.

Verwenden Sie diese oder ähnliche Umfragen aber nur, wenn Sie auch bereit sind etwas zu verändern. Durch die Umfrage erweckt man die Erwartung, dass sich etwas ändern wird. Ist dies nicht der Fall, leidet Ihre Glaubwürdigkeit.

Am besten arbeitet ein Team, wenn es motiviert an eine Aufgabe herangeht, eigenverantwortlich Probleme löst, mit Schwierigkeiten zurechtkommt und auf das erreichte Ergebnis stolz ist. Unternehmen – und Gruppenleiter – müssen sich allerdings der großen Diskrepanz zwischen Theorie und Praxis bewusst sein. Häufig sind Mitarbeiter mit einander widersprechenden Vorgaben konfrontiert, beispielsweise wenn das Management

- hohe Qualität verlangt, aber extrem enge Terminvorgaben macht,
- Kreativität und Innovation fordert, aber Abweichler unterdrückt und Forderungen nach neuen Ideen und verstärkter Forschung nur Lippenbekenntnisse sind,
- einerseits die Beteiligung der Arbeitnehmer sucht und andererseits einseitige Entscheidungen ohne vorherige Beratung trifft,
- Teamarbeit fördern möchte, aber die Anstrengungen jedes Einzelnen betont.

Es ist ausgesprochen schwierig die Schranken einzureißen, die durch diese doppelten Standards aufgebaut werden. Wonach soll sich der Mitarbeiter richten? Welches Verhalten wird am ehesten belohnt?

Die besten Ergebnisse und eine hohe Arbeitsmoral erzielt man, wenn die grundlegenden Fragen der Mitarbeiter zufrieden stellend beantwortet bzw. ihre Forderungen erfüllt werden, beispielsweise:

- Was erwarten Sie von mir?
- Nach welchem Standard wird meine Leistung beurteilt?
- Wie schätzen Sie meine Fortschritte ein?
- Halten Sie mich über die Angelegenheiten um mich herum und über Veränderungen, die mich betreffen, auf dem Laufenden.
- Bringen Sie mir neue Fertigkeiten und deren Anwendung bei.
- Honorieren Sie meinen Beitrag angemessen.
- Setzen Sie Eckpunkte für mein berufliches Fortkommen.

CHECKPOINT 2

Wie häufig sprechen Sie mit den einzelnen Mitarbeitern über diese Punkte? Wie viel Verantwortung haben die Ihnen unterstellten Mitarbeiter? Handelt es sich um eine abgeschlossene Aufgabe? Oder muss ein Mitarbeiter immer nur wenig befriedigende Teilaufgaben übernehmen? Welche Herausforderung stellt die Aufgabe dar?
Wie viele Gelegenheiten hat ein Mitarbeiter sich an Problemlösungen oder bei der Entscheidungsfindung zu beteiligen? Wie viel Feed-back über die Leistung und die Arbeit erhalten die Mitarbeiter? Wie wird Leistung – sowohl des Teams als auch individuelle Leistung – honoriert?

UNTERSTÜTZUNG UND BERATUNG

Unterstützung

Man geht davon aus, dass die Entwicklung eines Menschen zu 90% auf den täglichen Erfahrungen am Arbeitsplatz basiert. Wenn Sie sich selbst als Leiter eines Teams verstehen, das gemeinsam Ziele erreichen will, dann müssen Sie dieses Team und die einzelnen Mitarbeiter konkret unterstützen. Dies ist Ihr persönlicher Verantwortungsbereich und Sie müssen Ihren Tagesablauf so organisieren, dass dafür Zeit bleibt.

Zur konkreten Unterstützung gehören vier Schritte:

- beobachten, was der Einzelne oder das Team benötigt,
- Umstände analysieren, die zu dieser Situation geführt haben,
- die Situation untersuchen um die passenden Anregungen oder Anweisungen zu geben,
- den Mitarbeiter (oder das Team) unterstützen, damit er das Problem und mögliche Lösungen erkennt, sie übernimmt, weitere Schritte plant und so handelt, dass er ein festgelegtes Ziel erreicht.

Herrscht eine gute Arbeitsatmosphäre werden sich Ihre Mitarbeiter wegen Unterstützung an Sie wenden. Aber auch Sie sollten sich nach Situationen umsehen, in denen Sie Ihren Mitarbeitern helfen können Arbeitsprobleme zu lösen oder Fertigkeiten und Kenntnisse zu erlangen bzw. zu erweitern.

Wirklich wirksam ist die Unterstützung nur, wenn Sie einem Mitarbeiter Hilfe zur Selbsthilfe anbieten. Dazu gehört Fragen zu beantworten, zu zeigen, ausprobieren zu lassen, zuzuhören, zu ermutigen und selbst Fragen zu stellen. So entsteht eine Lernatmosphäre. *Eine wichtige Technik in diesem Zusammenhang ist das Übertragen von Projekten.*

Wirksame Unterstützung zu geben verlangt viel Übung und eine positive Einstellung zum Unternehmen, zum Mitarbeiter und zu den Aufgaben des Teams. Die Aufgabe ist mit der eines Coaches beim Sport vergleichbar. Folgende Richtlinien sind wichtig:

- Bleiben Sie an der Seitenlinie und hören Sie zu, beobachten und analysieren Sie die Situation.
- Fördern Sie Learning by Doing.

- Legen Sie genaue, aber hohe Standards fest.
- Setzen Sie Ziele und Termine und geben Sie ein Feed-back.
- Beschäftigen Sie sich immer nur mit einer Sache zur selben Zeit.
- Stellen Sie Fragen um Ihren Gegenüber zum Nachdenken zu bringen.
- Schaffen Sie eine Vertrauensbasis.
- Akzeptieren Sie, dass jeder Mensch anders ist und eigene Stärken hat.
- Stehen Sie immer mit Ihrer Unterstützung zur Verfügung.
- Nehmen Sie sich ausreichend Zeit, haben Sie Geduld, gewinnen Sie den Respekt der anderen.
- Sehen Sie Coaching als kontinuierlichen Prozess an.

Coaching muss aber nicht notgedrungen die Aufgabe einer einzigen Person sein. Mit zunehmender Entwicklung des Teams können sich die Teammitglieder gegenseitig unterstützen. Die erfahreneren und kompetenteren Mitarbeiter helfen den weniger erfahrenen.

Beratung

Beratung basiert auf bestimmten menschlichen Grundbedürfnissen, vor allem auf dem Bedürfnis

- als Mensch und nicht als Fall oder Nummer behandelt zu werden,
- die eigenen Gefühle, positive wie negative, auszudrücken,
- als Mensch unabhängig von Fehlern, Schwächen oder Abhängigkeiten angenommen zu werden,
- einen Gesprächspartner zu haben, der verständnisvoll zuhört und angemessen reagiert,
- aufgrund der augenblicklichen Situation weder be- noch verurteilt zu werden,
- seine eigenen Entscheidungen über das eigene Leben zu treffen, nicht herumgestoßen oder beeinflusst zu werden,
- nach vertraulichem Umgang mit den Informationen über die persönlichen Lebensumstände und Gefühle.

Ein guter Berater muss über besondere – erlernbare – Fertigkeiten verfügen. Ohne diese Fertigkeiten sollte man die Finger davon lassen. In der Rolle des Beraters muss man eine vollkommen andere Haltung einnehmen als in der Beziehung zwischen Gruppenleiter und Untergebenem. Entscheidend ist unvoreingenommenes aktives Zuhören, ebenso das Stellen offener Fragen.

Eine Beratung kann in bestimmten Situationen erforderlich sein oder dem Beurteilungsgespräch folgen. Damit sind folgende Aufgaben verbunden:

- angemessene Zeit für das Treffen einzuplanen,
- das Ergebnis nicht im Voraus festzulegen,
- sich auf ein Ziel zu einigen,
- eine entspannte Atmosphäre zu schaffen, in der man ungestört sprechen kann,
- dem Mitarbeiter zu helfen das ursächliche Problem zu erkennen und anzugehen, also Fakten von Meinungen zu trennen und alle Fakten zu bestimmen,
- Klarheit über versteckte Gründe zu erreichen,
- alle Optionen mit ihren möglichen Konsequenzen zu bedenken,
- den Mitarbeiter bei der Auswahl der besten Option und der Erstellung eines Handlungsplanes zu unterstützen,
- die Möglichkeit für weitere Maßnahmen offen zu lassen.

Die Beratung erfolgt am besten auf neutralem Boden, abseits des Arbeitsplatzes und ohne Zeitdruck.

CHECKPOINT 3

Benötigen einzelne Mitarbeiter Ihres Teams nach Ihrem Eindruck Beratung? Fühlen Sie sich selbst qualifiziert diese Beratung zu übernehmen? Wenn nicht, welche Voraussetzungen fehlen Ihnen?
Gibt es in Ihrem Unternehmen einen Betriebspsychologen, den Sie um Rat fragen könnten? Kann Ihnen Ihr Vorgesetzter weiterhelfen?

MITARBEITERFÖRDERUNG

Jedem Mitarbeiter, der ein echtes Teammitglied ist, kommt eine wichtige Aufgabe zu. Viele Gruppenleiter unterschätzen jedoch die Fähigkeiten und das Potenzial einiger ihrer Mitarbeiter, insbesondere der jüngeren Mitarbeiter, unabhängig davon, ob es sich um ungelernte Arbeiter oder um Universitätsabsolventen handelt. Auch das vorhandene Potenzial für Weiterbildung bei älteren Arbeitnehmern wird häufig nicht erkannt. Deshalb versuchen manche Gruppenleiter erfahrene Fachkräfte aus der Branche anzuwerben, ignorieren dabei jedoch das ungenutzte und nicht entwickelte Potenzial des eigenen Teams. Diese Art Personalpolitik ist selten erfolgreich.

Es gibt verschiedene Möglichkeiten Ihre Mitarbeiter zu fördern. Sie können eine Arbeitsplatzrotation einführen, den Aufgabenbereich vergrößern, Aufgaben delegieren und Ihre Mitarbeiter bei bestimmten schwierigen Aufgaben unterstützen. Als Ergebnis können die Mitarbeiter an verschiedenen Arbeitsplätzen eingesetzt werden.

Bei der *Rotation des Arbeitsplatzes* werden Mitarbeiter an verschiedenen Arbeitsplätzen ausgebildet und eingesetzt. Die neu erworbenen Fertigkeiten befähigen dann die einzelnen Mitarbeiter sich gegenseitig zu vertreten. Es ist nicht die Aufgabe des Gruppenleiters einzuspringen, wenn ein Mitarbeiter abwesend ist, denn übernähme er die Aufgaben des abwesenden Kollegen, würde niemand die Gruppe leiten und wichtigere Dinge blieben liegen.

Niemand sollte allerdings an einen neuen Arbeitsplatz versetzt werden, bevor er die augenblicklichen Aufgaben voll beherrscht. Die einzelnen Aufgabenbereiche sind unterschiedlich kompliziert und Menschen lernen unterschiedlich schnell. Lassen Sie sich daher nicht dazu verleiten, die Arbeitsplätze einfach in regelmäßigen Zeitabständen zu wechseln. Stellen Sie aber sicher, dass es für jeden Arbeitsplatz mehr als einen ausgebildeten Mitarbeiter gibt.

Aufgrund der rasanten Zunahme neuer Technologien wird eine flexible und in verschiedenen Bereichen ausgebildete Belegschaft zunehmend zur Notwendigkeit. Arbeitsplatzrotation, die durch gut aufgebaute Trainingsprogramme unterstützt wird, ist eine Möglichkeit dem gerecht zu werden. Mehrfachqualifizierungen sollten bei der Planung des Unternehmens berücksichtigt werden.

Die *Vergrößerung des Aufgabenbereiches* bedeutet eine Ausdehnung der augenblicklichen Verantwortung. Dies kann bei begrenzten Aufstiegsmöglichkeiten besonders hilfreich sein, ist aber auch in anderen Situationen sinnvoll.

Da die Ebenen der betrieblichen Hierarchie in vielen Fällen verringert worden sind, muss man bei Beförderungen neue Wege gehen. Die Vergrößerung des Aufgabengebietes, die für jede Position größere Aufstiegsstufen bedeutet, ist eine Lösung.

Durch *Delegieren* überträgt man einem Mitarbeiter die Verantwortung, die Befugnisse und die Gelegenheit eine Aufgabe vollständig zu erledigen. Damit ist die Verpflichtung verbunden dem Vorgesetzten in gewissen Abständen oder hinterher zu berichten. Delegierte Aufgaben können eine Herausforderung für die Mitarbeiter bedeuten, damit sie zeigen können, was in ihnen steckt.

Verteilen Sie die Aufgaben gleichmäßig, sodass jedes Teammitglied von Zeit zu Zeit in unterschiedlichen Situationen getestet und ermutigt wird Fertigkeiten zu entwickeln und Selbstvertrauen zu gewinnen. Wenn Sie nicht delegieren, werden Sie nie erfahren, welche Fähigkeiten in den Mitarbeitern stecken, die nur darauf warten, entwickelt zu werden.

Folgende Aufgaben sollten Sie nicht delegieren: Aufgaben im Zusammenhang mit der Gesamtplanung und Kontrolle des Teams, Umgang mit Disziplinproblemen und Personalfragen, persönliche Beratung. Weiterhin sollten nur Aufgaben delegiert werden, die auch kontrollierbar sind. Wenn sich ein bestimmter Ablauf für eine Aufgabe durchgesetzt hat, kann die Verantwortung dafür in der Regel übertragen werden. Behalten Sie aber im Kopf, dass Sie auch nach dem Delegieren einer Aufgabe weiterhin dafür verantwortlich sind.

Delegieren ist eine Frage des Vertrauens. Menschen machen Fehler. Andere erledigen die Aufgabe vielleicht anders, als Sie es getan hätten. Einige Mitarbeiter benötigen mehr Hilfe als andere. Ihre Aufgabe ist es, die Mitarbeiter auszubilden, sie zu ermutigen, damit sie auf eigener Sicherheit basierendes Selbstvertrauen gewinnen, und ihnen zur Seite zu stehen, falls Hilfe benötigt wird. Versuchen Sie beim Delegieren die Kapazitäten der jungen Mitarbeiter zu nutzen. Vergessen Sie dabei aber nicht, dass sich auch ältere Mitarbeiter neue Fähigkeiten aneignen können.

Delegieren erfordert Mut und wird somit zum Maßstab Ihres eigenen Selbstvertrauens. Legen Sie klare Ziele fest und lassen Sie sich regelmäßig über den Fortschritt berichten.

Wenn es Ihnen nicht gelingt Fähigkeiten in Ihrer Gruppe zu entwickeln, sieht es für die Unternehmensleitung eventuell so aus, als seien Sie die einzige Person mit den erforderlichen Fertigkeiten und Kenntnissen. Und wer unersetzlich ist, kann nicht befördert werden!

Wie delegiert man? Eine Möglichkeit besteht darin, die Mitarbeiter aufzufordern nicht mit Problemen, sondern mit Lösungsvorschlägen zu Ihnen zu kommen. Eventuell müssen Sie nachfragen, welche Optionen berücksichtigt worden sind.

Eine andere Methode sieht folgendermaßen aus:

- Notieren Sie alle Aufgaben des Teams entsprechend ihrer Wichtigkeit und der aufgewendeten Zeit über einen Zeitraum von vier Wochen.
- Kennzeichnen Sie die Aufgaben, die Sie persönlich erledigen müssen. Übernehmen Sie Aufgaben nicht nur, weil Sie sie mögen. Fragen Sie sich jedes Mal, weshalb Sie sie persönlich erledigen müssen.

- Erarbeiten Sie ein Konzept, wonach jedes Gruppenmitglied über einen bestimmten Zeitraum und nach entsprechender Einarbeitung die Möglichkeit hat eine Reihe von Aufgaben zu erledigen.
- Begleiten und unterstützen Sie die Mitarbeiter, wo das erforderlich ist.

Einen Überblick, welche Aufgaben Sie an welche Mitarbeiter delegieren können, bekommen Sie am leichtesten, wenn Sie in einer Tabelle die Anforderungen der einzelnen Aufgaben und die Fähigkeiten der einzelnen Mitarbeiter einander gegenüberstellen. Die Tabelle entspricht im Prinzip der Übersicht über den Ausbildungsstand der Mitarbeiter (siehe Seite 64). Aus der Tabelle können Sie leicht ersehen, welche Aufgaben Sie sofort delegieren können und welche Mitarbeiter zuvor noch weitere Ausbildung oder Einweisung benötigen.

Zu gutem Delegieren gehören folgende Aspekte:

- Gründe: Was wollen Sie erreichen?
- Ergebnisse: Welches Ergebnis erwarten Sie?
- Übertragung: Übertragen Sie Verantwortung, Befugnisse und legen Sie Grenzen fest.
- Ressourcen: Welche Ressourcen stehen dem Mitarbeiter zur Verfügung?
- Termine: Legen Sie Termine für Berichterstattungen und den Fertigstellungstermin fest.
- Feed-back: Geben Sie dem Mitarbeiter ein Feed-back über die Leistung.
- Kontrolle: Welche Kontrollen sind erforderlich?
- Unterstützung: Welche Unterstützung bzw. Hilfe muss der Mitarbeiter erhalten? Sind Weiterbildungsmaßnahmen erforderlich?

Darüber hinaus ist folgendes Vorgehen wichtig:

- Verteilen Sie die Aufgaben gleichmäßig, bauen Sie keinen „Kronprinzen“ auf, der alle Möglichkeiten erhält.
- Zeigen Sie Anerkennung für eine gut ausgeführte Aufgabe.
- Bestehen Sie nicht darauf, dass etwas nur so gemacht wird, wie Sie es machen würden.
- Informieren Sie Ihre Mitarbeiter über die Unternehmenspolitik, Bestimmungen und vergleichbare vorhergehende Situationen.
- Setzen Sie *realistische* Ziele und Termine.

- Unterstützen Sie Ihre Mitarbeiter diese zu erreichen.
- Koordinieren Sie die Aktivitäten.
- Arbeiten Sie auf einen Erfolg des Teams hin.

> Delegieren ist kein Verteilen von Aufgaben, sondern die Vorgabe von Zielen, die erreicht werden müssen.

Auch in Ihren Aufgabenbereich sollte jemand eingewiesen sein oder die Aufgaben sollten auf mehrere Personen verteilt werden, damit diese Mitarbeiter während Ihrer Abwesenheit Ihre Aufgaben übernehmen können. Die Unternehmensleitung erwartet, dass die Arbeit auch während Ihrer Abwesenheit erledigt wird, und dies ist eine gute Möglichkeit Mitarbeiter auf eine Beförderung vorzubereiten oder zu prüfen, ob sie dafür geeignet sind.

CHECKPOINT 4

Haben Sie selbst das Gefühl, Ihnen sollten mehr Befugnisse übertragen werden? Wissen Sie genau, welche Befugnisse Sie haben möchten und warum? Wie könnten Sie Ihren Vorgesetzten davon überzeugen, Ihnen diese Befugnisse zu übertragen?

MIT DEM TEAM GEWINNEN

Es gibt nur wenige Menschen, die ganz für sich allein arbeiten. Die meisten gehören mehr oder weniger zu einer Gruppe. Und jede dieser Gruppen sollte sich bemühen Teamarbeit zu verwirklichen. Jedes Vorstandsmitglied sollte eine Gruppe von Direktoren leiten, jeder Direktor sollte eine Gruppe von Hauptabteilungsleitern leiten, jeder Hauptabteilungsleiter eine Gruppe von Abteilungsleitern und jeder Abteilungsleiter eine Gruppe von Gruppenleitern, von denen jeder eine Gruppe von Mitarbeitern leiten sollte.

Das ist das Ideal – leider entspricht es nicht der Realität, da viele Unternehmen Teamarbeit immer noch als eine Methode ansehen, die man irgendwo auf der Ebene des mittleren oder unteren Managements einführen kann und die umgehend höhere Gewinne und größere Leistung gewährleistet. Diese Unternehmen werden enttäuscht sein, denn das Ergebnis kann das genaue Gegenteil ihrer Erwartungen sein.

Bei der Teamarbeit werden den Mitarbeitern, die die Arbeit verrichten, Verantwortung, Vertrauen und Befugnisse übertragen. Die Mitarbeiter ihrerseits müssen diese Verantwortung annehmen.

Teamarbeit ist kein Allheilmittel für ein Unternehmen, das sich gerade in einer Flaute befindet. Sie erfordert dauerhaftes Engagement von der Führungsspitze abwärts und die erfolgreiche Umsetzung kostet Zeit und Kraft.

Teamarbeit ist auch nicht immer der passende Weg. Es muss eine Gruppe von Mitarbeitern mit gemeinsamen Zielen geben, die sich besser zusammen als einzeln verwirklichen lassen. Die Teammitglieder sind auf die Erfahrungen und Fertigkeiten der anderen angewiesen und müssen sich gemeinsam für die erfolgreiche Verwirklichung einer Aufgabe verantwortlich fühlen. Die Vorgesetzten müssen bereit sein viele ihrer angestammten Befugnisse aufzugeben und eine neue Rolle zu übernehmen, in der sie leiten und unterstützen, und dies erfolgt in der Regel nicht über Nacht. Viele verzichten nur ungern auf die ihnen übertragenen Befugnisse.

Doch die Unternehmen, die Teamarbeit mit allen Konsequenzen eingeführt haben, sind häufig Marktführer in ihrem jeweiligen Sektor. Viele Geschäftsführer betrachten diesen Prozess als entscheidenden Schritt für das Überleben und Florieren des Unternehmens.

Teamarbeit ist allerdings nicht immer die Lösung und überhaupt nur unter bestimmten Voraussetzungen möglich:

- Das Team muss stabil sein und sich verstehen. Eine Gruppe von Mitarbeitern mit Zeitverträgen ist kein Team. Bei sich häufig ändernder Zusammensetzung der Gruppe bemüht sich der Gruppenleiter zwar ständig ein Team aufzubauen, erreicht aber höchstens Ansätze.
- Das Unternehmen muss sich zu dem Konzept der Teamarbeit bekennen und die Vorgesetzten müssen sich für die Umsetzung stark machen. Entsprechende Weiterbildungspläne müssen vorhanden und im Budget berücksichtigt sein.

Das Engagement muss ernsthaft und von Dauer sein. Anfänglich kann es Schwierigkeiten geben, wenn aus bestehenden Gepflogenheiten heraus eventuell die Bemühungen des einzelnen Mitarbeiters und nicht die Wichtigkeit des Teams betont werden. Das zeigt sich beispielsweise in

- ergebnisorientierter Führung, bei der die Verantwortung Einzelpersonen übertragen und Leistungen auch auf dieser Ebene anerkannt werden,
- einzelnen Arbeitsverträgen, die bestimmte Ergebnisse fordern,
- einer Laufbahnplanung, die auf Einzeltraining ausgerichtet ist,
- Leistungsbeurteilungen der einzelnen Mitarbeiter.

Doch kann die Entwicklung von Teams dem Unternehmen den entscheidenden Wettbewerbsvorteil sichern. Diskutieren Sie mit Ihren Vorgesetzten, welche Anreize man schaffen könnte um den Aufbau von Teams zu fördern und zu unterstützen. Die erfolgreiche Umsetzung dieses Prozesses kann ein Jahr und länger dauern. Regelmäßige Beurteilungen der Teamleistung sollten eingeführt werden.

Womit aber fangen Sie an um aus Ihrer Arbeitsgruppe ein echtes Team zu machen? Zuerst müssen Sie wissen, weshalb die Arbeitsgruppe oder das Team gebildet wurde, welche Aufgabe das Team im Unternehmen hat und wie die zukünftige Rolle aussehen wird. Dann sollten Sie eine Vorstellung darüber entwickeln, was das Team unter Ihrer Leitung und unter den richtigen Voraussetzungen leisten könnte. Dies ist Ihre Vision. Wenn Sie keine Vision haben, wird gar nichts geschehen.

Als Nächstes müssen Sie diese Vision in ein Leuchtfeuer umwandeln, eine Idee, die für Ihre Mitarbeiter greifbar ist, die sie erkennen und der sie folgen können, weil sie sie überzeugt. Eine Mitarbeiterbesprechung könnte den Startpunkt setzen. Ein solches Treffen könnte folgendermaßen aussehen:

- Diskutieren Sie die Aussage über die Aufgabe des Unternehmens und stellen Sie die Verbindung zur Arbeit der Gruppe her.
- Davon ausgehend sollte die Gruppe ihr eigene Aussage über die Aufgabe formulieren. Sie sollte eine Herausforderung darstellen und vor allem aussagekräftig sein. (In einer großen Autowerkstatt hatten die Kfz-Mechaniker folgendes Schild aufgehängt: „Wir reparieren Autos. Wir haben keine unzufriedenen Kunden.“ Das Team war so stolz auf seine Leistung, dass inkompetente und unkooperative Mechaniker schnell aus dem Unternehmen gedrängt wurden.)
- Notieren Sie alles, was nach Ansicht der Teammitglieder negativen Einfluss auf das Erreichen dieses Ziels haben könnte.
- Bestimmen Sie die Schlüsselfaktoren für den Erfolg: „Wir müssen …“ Oder: „Wir benötigen …“ Versuchen Sie die Anzahl dieser Faktoren zu begrenzen.

- Stellen Sie eine Rangfolge auf.
- Fordern Sie das Team auf Ziele festzulegen, Handlungspläne aufzustellen und Leistungsstandards zu bestimmen. Anschließend muss das Team oder einzelne Mitarbeiter müssen Verantwortung für Problemlösungen übernehmen.
- Planen Sie weitere Besprechungen.

Während seiner Entwicklung wird ein Team wahrscheinlich folgende Phasen durchlaufen:

1. Anfänglich werden die Mitarbeiter ihre Gefühle verbergen, mit der Menge schwimmen, auf den Gruppenleiter blicken, sich gegenseitig nicht zuhören und sich vor Veränderungen fürchten. Seminare setzen deshalb häufig bei der Zusammenarbeit des Teams an, bei der Kommunikation, bei Problem- und Konfliktlösungen und bei Kontrollmechanismen.

2. Beziehungen werden wichtiger, es bilden sich Untergruppen. Die Gruppenleistung wird beurteilt, die Bedürfnisse des Teams und individuelle Stärken und Schwächen werden deutlich.

3. Die Bereitschaft zum Experimentieren nimmt zu. Die verschiedenen Möglichkeiten, wie eine Arbeit erledigt werden kann, werden überprüft. Werte und Annahmen werden diskutiert. Die Mitarbeiter, die sich bisher zurückgehalten haben, beteiligen sich stärker. Das Team packt Schwierigkeiten an. Mehrfachqualifizierungen werden gefördert.

4. Das Team ist stolz auf sich. Problemlösungen werden gesucht. Die Ziele sind bekannt, und es ist wichtig, dass sie erreicht werden. Das Team hat eine eigene Identität und fängt an eigene Regeln aufzustellen und sich des weiteren Umfelds bewusst zu werden.

5. Wer Führungsaufgaben übernehmen soll, wird in der jeweiligen Situation entschieden. Die Bedürfnisse der Einzelnen werden erkannt und es wird darauf eingegangen. Konflikte werden gelöst, Beziehungen zu anderen Teams festigen sich. Ziele werden kosteneffektiv erreicht, Aufgaben werden systematisch überprüft.

Innerhalb des Teams sind allerdings Unterschiede zwischen den einzelnen Mitgliedern wichtig. Jedem Mitglied kommt eine Rolle zu, die auf dem normalen Sozialverhalten beruht. Einige Mitglieder sind

- *Organisatoren,* die die Arbeitsweise des Teams formen, sich auf die wichtigen Angelegenheiten und Ziele konzentrieren und versuchen den Abläufen ein Muster zu geben,
- *Teammitglieder,* die „Arbeitsbienen", gewissenhaft, hart arbeitend, die Harmonie und Konformität suchen,
- *Neuerer,* die die Grenzen des Möglichen suchen, die die unangepassten Entdecker neuer Ideen sind, die im großen Rahmen denken und dazu neigen, die Details zu vernachlässigen,
- *Kleinkarierte,* die alles nach dem Lehrbuch machen, dem „i" den Punkt und dem „t" den Strich geben, die Risiken und Unsicherheit vermeiden und unabgeschlossene Arbeiten hassen,
- *Kritiker,* die sich mit den Konsequenzen beschäftigen, die sich fragen, was „die anderen" denken oder tun werden, und die die „sichere" Option wählen,
- *Führungspersönlichkeiten,* die eine Vision von der Richtung und den Schwerpunkten haben und andere dafür begeistern können, die die Aufgaben koordinieren und die Entwicklung des Teams und seiner Mitglieder vorantreiben.

Geschäftsführer oder Abteilungsleiter müssen den Zusammenhang zwischen der Teamzusammensetzung und den vom Team erwarteten Zielen kennen, denn Gruppenleiter können nur äußerst selten die Zusammensetzung ihres Teams bestimmen. In den meisten Fällen muss sich das Ziel deshalb in gewissem Maße nach den Möglichkeiten des Teams richten.

Ein Team neigt dazu, sich äußeren Eingriffen zu widersetzen. Dagegen werden die eigenen Arbeitsbedingungen eher akzeptiert. Dazu gehören auch Kontrollen. Vermutlich werden sie besser greifen, wenn sich das Team überlegt, wie man für den eigenen Arbeitsbereich und angesichts aller Kostenfaktoren die Leistung am effektivsten kontrollieren kann. Allerdings liegt hier auch eine Gefahr: Starke Teams können ein starkes Konkurrenzdenken untereinander entwickeln oder sich nur noch mit ihrem eigenen Selbstverständnis beschäftigen – in beiden Fällen verliert das Unternehmen.

> Innerhalb eines Unternehmens muss es Koordination und Kooperation geben. Der Konkurrenzkampf dagegen findet am Markt statt.

Der Aufbau und die stetige Entwicklung eines Teams erfordern ständig Ihre Aufmerksamkeit. Ein Team, das sich für seine Aufgaben engagiert, wird

- stetig seine Ziele erreichen,
- sich einsetzen für Qualitätsmanagement, Kundennähe, ständige Verbesserungen, Kosteneffektivität und Wettbewerbsvorteile,
- Mitarbeiter auf verantwortungsvollere Positionen vorbereiten und Führungsqualitäten vermitteln.

Ein Team bedarf häufig der Beurteilungen seiner Leistung und eines Feedbacks. Es will stets wissen, wo es im Vergleich zu den Zielen steht. Ein Gewinnerteam zeichnet sich durch folgende Punkte aus:

- Das Team hat genaue Ziele und akzeptiert die zu erbringenden Standards.
- Das Team ist gut geführt.
- Die einzelnen Mitglieder sind kompetent und können verschiedene Aufgabenbereiche übernehmen. Zusammenarbeit wird als selbstverständlich angesehen; man unterstützt sich gegenseitig und vertraut einander.
- Das Team überwacht die eigene Leistung, verwaltet das Budget und die Ressourcen.
- Die Mitglieder kennen den Zusammenhang zwischen ihrer Arbeit und der Arbeit anderer Gruppen und sind über die Erwartungen der Kunden informiert. Die Aktivitäten werden ständig koordiniert.
- Es besteht eine effektive Kommunikation im gesamten Unternehmen und das Team wird ständig über den eigenen Fortschritt informiert.
- Das Team nimmt Herausforderungen an, Wachstum und Entwicklung werden gefördert.
- Wenn es angebracht ist, wird das Team in den Entscheidungsprozess einbezogen. Einzelne Teammitglieder werden in Techniken der Problemlösung unterwiesen.
- Aus- und Weiterbildung der Gruppe und ihrer Mitglieder ist fortwährend gewährleistet.
- Man bemüht sich ständig um Verbesserungen; Veränderungen werden als Chance, nicht als Bedrohung angesehen. Die Atmosphäre ist locker und dynamisch.

CHECKPOINT 5

Delegieren Sie wichtige Aufgaben? Oder haben Sie damit schlechte Erfahrungen gemacht? Haben Sie den betreffenden Mitarbeiter genügend vorbereitet? Können einzelne Mitarbeiter Sie während Ihres Urlaubs vertreten? Warum übertragen Sie ihnen nicht auch Aufgaben, während Sie anwesend sind, sodass Sie Zeit für andere wichtige Aufgaben haben?

FÜHRUNGSAUFGABEN

Unter einer Führungspersönlichkeit kann man eine Person verstehen, die andere anleitet oder inspiriert. Ein Manager ist jemand, der eine Aufgabe dirigiert oder organisiert. Diese Definitionen lassen vermuten, dass der Gruppenleiter je nach Situation in der Lage sein muss beide Aufgaben auszufüllen. Seine Managementfähigkeit hängt auch von den mit seiner Position verbundenen Befugnissen ab. Seine Führungsqualität wird beeinflusst von seiner Vision der Ziele, seinem Einfluss und der dauerhaften Unterstützung durch seine Mitarbeiter.

Man kann zwar die Zeit der Menschen kaufen, man kann ihre Beteiligung an der Arbeit kaufen, aber das vereinbarte Gehalt garantiert weder Enthusiasmus noch den Stolz des Teams noch Loyalität. Der Durchschnittsmensch ist bereit all das freiwillig zu geben, wenn er sieht, dass er anerkannt wird, dass die erledigten Aufgaben wichtig sind und dass seine Leistung honoriert wird.

Eine gute Führungskraft muss sich um zahlreiche Dinge kümmern:

1. *die zu erledigenden Aufgaben*

- Ziel festlegen und Vorgehen planen,
- Arbeit zuteilen und Ressourcen einsetzen,
- Leistung kontrollieren,
- Kundennähe und kontinuierliche Verbesserungen sicherstellen,

2. *das Team*

- Standards für Qualität, Kosten und Ergebnisse festlegen,
- Teamgeist aufbauen,

- Mitarbeiter unterstützen,
- Mitarbeiter darüber informieren, was gegenwärtig geschieht und für die Zukunft geplant ist,
- die Gruppe ermutigen sich selbst zu leiten und eigene Regeln aufzustellen,

3. *die einzelnen Personen, aus denen sich das Team zusammensetzt*
- Fähigkeiten der Einzelnen erkennen und weiterentwickeln,
- Schulung,
- zur Entwicklung ermutigen und unterstützen,

4. *die Umwelt*
- sich den Erfordernissen der Umwelt annehmen.

Führungskraft zu sein ist nicht einfach, denn es gehört mehr dazu als nur einer bestimmten Vorgabe zu folgen. Die Schwierigkeit besteht darin, ein Gleichgewicht zwischen unterschiedlichen Prioritäten zu finden. Wenn die Wirtschaftlichkeit erhöht werden soll, wenn sehr enge Termine eingehalten werden müssen, wenn nichts außer dem Gewinn zählt, dann haben diese Vorgaben Priorität für den Gruppenleiter. Unter solchen Voraussetzungen besteht allerdings die Gefahr, dass die Fürsorge für die Untergebenen in den Hintergrund tritt. Leicht übersieht man dann auch die Tatsache, dass die Wahrscheinlichkeit die Ziele zu erreichen mit der Stärke und Kompetenz der Arbeitsgruppe steigt, es also von Vorteil wäre sich trotz anderer Einschränkungen darum zu kümmern.

Das andere Extrem wäre ein Unternehmen, das sich ausgesprochen stark für die sozialen Belange der Mitarbeiter einsetzt, was so weit gehen kann, dass dabei die eigentlichen Aufgaben ins Hintertreffen geraten.

Führungsaufgaben am Arbeitsplatz verlangen eine Kombination aus vielen Eigenschaften (überreden, vermitteln und bevollmächtigen) und die dazu gehörigen Managementelemente müssen Leitung und Kontrolle umfassen. Die Verantwortlichkeit für die Leistung und das Ergebnis des Teams bleibt aber stets beim Gruppenleiter.

Es kommt darauf an, ein Gleichgewicht zwischen dem Einsatz für konkrete Arbeitsergebnisse und den Mitarbeitern zu finden. Die Bedeutung der Ergebnisse muss im richtigen Verhältnis zur Bedeutung der Mitarbeiter stehen.

Wo würden Sie sich im folgenden Netz einordnen?

Abb. 9.1 Verhältnis der Bedeutung von Mitarbeitern und Ergebnissen

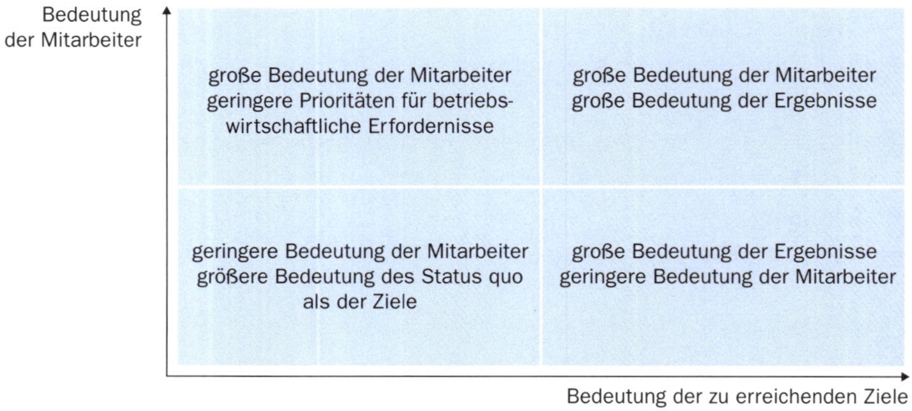

Folgende Faktoren bestimmen Ihre Führungsqualitäten: Ihre *Kenntnisse* über die Arbeit und wie sie in das Gesamtgefüge passt, Ihre *Fertigkeiten* als Gruppenleiter und Ihre *Einstellung* und Ihre *Überzeugungen,* die Sie den Mitarbeitern und den Arbeitszielen entgegenbringen.

Die für eine Führungsposition benötigten Eigenschaften lassen sich erlernen, es gehören aber beachtliche Selbstkontrolle und Offenheit neuen Ideen gegenüber dazu. Als ersten Schritt könnte man sich folgende Aufgabe stellen: Erhöhung der Produktivität, indem man die Kreativität und Bemühungen der Mitarbeiter ebenso nutzt wie ihre Hände. Produktionsziele, Standards und Budgets sowie der kosteneffektive Einsatz von Ressourcen sind von außen vorgegeben. Innerhalb dieses Rahmens geht es darum, das Team so zu leiten, dass jeder sein Bestes leistet.

Was sind eigentlich Führungsqualitäten? Die Untersuchungen hierüber könnten eine ganze Bibliothek füllen, aber sie laufen meistens darauf hinaus, dass eine Führungspersönlichkeit

- Energie auf das Erreichen von Zielen lenkt,
- durch Handlungen und Beispiele führt,
- bereit ist eine Gelegenheit beim Schopfe zu packen und kalkulierbare Risiken einzugehen,
- bereit ist Autorität zu teilen und Führungsqualitäten bei anderen zu entwickeln,
- ein vielseitiges Team aufbaut und mit Befugnissen ausstattet,
- sowohl kurz- als auch langfristige Planungen anstellt,
- ein Netzwerk aufbaut,

- sich fortwährend nach Weiterbildungsmöglichkeiten umsieht,
- sich einsetzt für die Weiterentwicklung des Einzelnen, des Teams und des Unternehmens insgesamt,
- gute konzeptionelle Fertigkeiten hat.

CHECKPOINT 6

Ist es Ihnen wichtiger, dass Ihr Chef mit Ihnen zufrieden ist oder dass Ihre Mitarbeiter mit Ihnen zufrieden sind? Haben Sie Schwierigkeiten beides zu vereinbaren? Arbeiten Sie gerne für Ihren Vorgesetzten? Was ist an seinem Führungsstil gut, was gefällt Ihnen weniger? Wie beurteilen die Mitglieder Ihres Teams Ihre Führungsqualitäten? Haben Sie mit ihnen darüber gesprochen?

VERÄNDERUNGEN EINLEITEN

Alles verbessert oder verschlechtert sich oder ist Veränderungen ausgesetzt. Aufgrund der modernen Technologie ändern sich gegenwärtig die meisten Arbeitsabläufe. Menschen neigen jedoch dazu, sich Veränderungen zu widersetzen. Im gewohnten Umfeld fühlen sie sich sicher und wohl. Veränderungen dagegen können Unruhe, Instabilität und Unbehagen erzeugen.

Ihre Aufgabe als Gruppenleiter besteht darin, Veränderungen einzuleiten und zu organisieren. Um Unruhe zu vermeiden müssen Sie sicherstellen, dass das Team die Veränderungen als nötig und richtig ansieht. Dieses erfordert Diskussionen im Vorwege, damit das Team die erhofften Auswirkungen der Veränderungen kennt und damit Sie seine Unterstützung und Kooperation bei der Einführung erhalten. Instinktiv reagieren viele auf Veränderungen mit der Frage: „Wie profitiere ich davon?“ Die Antwort muss überzeugen.

Ablehnung kann von verschiedenen Befürchtungen ausgelöst werden, z. B. der Angst

- vor Arbeitslosigkeit,
- vor dem Verlust an Sicherheit,
- vor Chaos,

- vor dem Verlust an Status,
- damit nicht zurechtzukommen,
- vor dem Verlust bestehender Beziehungen usw.

Ohne akzeptable Antworten auf ihre Fragen und Befürchtungen werden die meisten Mitarbeiter sich den Veränderungen widersetzen; dies kann bis zur Sabotage gehen. Die Vorteile von Veränderungen müssen die Nachteile aufwiegen.

Man kann Veränderungen einleiten, indem man

- das erforderliche Ergebnis von Veränderungen benennt,
- die Veränderungen mit denjenigen diskutiert, die daran beteiligt sein werden,
- die Abläufe bei der Veränderung analysiert und plant,
- die Zustimmung für die vorgeschlagene Veränderung gewinnt,
- die Einführung der Veränderung Schritt für Schritt überwacht um zu gewährleisten, dass alles nach Plan läuft.

Wenn es die Zeit erlaubt, sollten Sie zusammen mit Ihrem Team einen Zeitplan für einen Probelauf festlegen, der der endgültigen Umsetzung vorausgeht.

Folgende Faktoren gewährleisten eine erfolgreiche Umsetzung:

- Das Unternehmen akzeptiert das Projekt als sein eigenes und nicht als eines, das von außen entwickelt und durchgeführt wird.
- Die Unternehmensspitze bekennt sich zu dem Projekt und unterstützt es.
- Von den Veränderungen erwartet man bessere Arbeitsbedingungen und geringere Arbeitsüberlastung.
- Das Projekt steht im Einklang mit den von den Teilnehmern akzeptierten Wertvorstellungen und Idealen.
- Das Programm bietet neue Erfahrungen, die die Teilnehmer interessieren.
- Die Teilnehmer sehen ihre gegenwärtige Unabhängigkeit und Sicherheit nicht gefährdet.
- Die Teilnehmer waren an den Bemühungen beteiligt das ursächliche Problem zu bestimmen, stimmen mit der Diagnose überein und sehen die Bedeutung der Veränderung.
- Das Projekt wurde einstimmig von der Gruppe angenommen.
- Befürworter und Gegner können sich zusammensetzen und diskutieren; begründete Vorbehalte werden anerkannt, unnötige Befürchtungen werden ausgeräumt.

- Es wird berücksichtigt, dass Neuerungen leicht missverstanden oder falsch gedeutet werden. Deshalb wird darauf geachtet, wie das Projekt aufgenommen wird. Gegebenenfalls steht Zeit für weitere Klärung zur Verfügung.
- Man hält das Projekt offen für Revisionen oder erneute Überlegungen, wenn sich zeigt, dass die neuen Maßnahmen nicht in vollem Umfang erfolgreich sind und Veränderungen wünschenswert wären.

Wirksame Veränderungen setzen genaue Planung voraus. Optionen sowie ihre zu erwartenden Konsequenzen müssen untersucht werden. Trotzdem bleibt immer ein Restrisiko. Zwangsläufig werden unbekannte Faktoren auftauchen. Die Vergangenheit lässt selten genaue Schlüsse auf die Zukunft zu. Und es ist unmöglich erfolgreiche Veränderungen einzuführen, wenn man nur in den Rückspiegel schaut.

Trotz gründlicher Planung, Probelauf und sonstiger Vorbereitungsmaßnahmen kann jede Menge schief gehen:

- Auswirkungen äußerer Faktoren, beispielsweise finanzielle Schwankungen und Umsatzschwankungen, politische Entscheidungen oder Maßnahmen der Konkurrenz, werden nicht ausreichend berücksichtigt.
- Die Konsequenzen werden nicht ausreichend bedacht.
- Die passive Akzeptanz der Veränderung erzeugt nicht das nötige Engagement sie auch umzusetzen.
- Bei Schwierigkeiten zieht man sich sofort zurück (dies zeugt von einer mangelnden Überzeugung) statt sich zu beraten oder zu verhandeln oder den vereinbarten Kurs weiter zu verfolgen. In diesem Fall war die Planung mangelhaft oder es fehlt an Führungsqualitäten.
- Die Veränderungen waren ungenau definiert, Details wurden übersehen.
- Niemand ist für das Ergebnis verantwortlich.
- Der Zeitdruck ist zu hoch.

Ein besonnener Ablauf bei der Einführung von Veränderungen ist heutzutage eine seltene Ausnahme. Veränderungen vollziehen sich so schnell und werden von so vielen Faktoren erzwungen, dass die Zeit für Beratung häufig nicht ausreicht, dass es kein Pilotprojekt gibt und dass, bevor die Umsetzung richtig greifen kann, schon wieder der Bedarf nach neuen Veränderungen aufkommt. Ständige Veränderungen sind oft das einzig Konstante.

Ihre Vorgesetzten sollten Sie so früh wie möglich über bevorstehende Veränderungen informieren, damit sich Ihr Team darauf einstellen kann. Vieles deutet jedoch in letzter Zeit auf ein abnehmendes Vertrauen zwischen Arbeitnehmern und Management hin. Typisch sind Aussagen wie: „Das müssen sie jetzt noch nicht wissen." Dadurch wird die ruhige Umsetzung von Veränderungen sehr erschwert. Der resultierende Ärger beeinträchtigt das Arbeitsergebnis des Teams erheblich.

Erfolg lässt sich an folgenden Kriterien messen:

- Wurde die Neuerung insgesamt angenommen?
- Verlief die Umsetzung planmäßig?
- Entsprechen die Kosten mehr oder weniger dem Budget?
- Wird durch die Veränderung die erhoffte Leistung erzielt?
- Welche messbaren Ergebnisse sind aufgetreten?
- Wie reagieren die beteiligten Personen?

CHECKPOINT 7

Mit welchen Veränderungen rechnen Sie im Unternehmen in den nächsten 18 Monaten? Welche Personen werden davon – direkt oder indirekt – betroffen sein? Wie gut sind sie darauf vorbereitet? Welche Schritte müssen Sie unternehmen um Veränderungen effektiv einzuleiten?

Teil 4

Ihre Zukunfts-perspektive

KAPITEL 10

Wissen, was man will

INHALT

WO STEHE ICH JETZT?

Wenn Sie nicht bereit sind in Ihre Zukunft zu investieren, warum sollte jemand anders es sein? Vielleicht ist es ein guter Anfang die gegenwärtigen positiven Aspekte zu benennen. Sie sind zahlreich:

Als *Individuum* haben Sie

- eine Ausbildung,
- Erfahrung,
- körperliche Fähigkeiten,
- geistige Fähigkeiten,
- Einkommen,
- Zeit,

- Familie,
- die Möglichkeit Freundschaften zu schließen,
- die Möglichkeit Beziehungen einzugehen,
- die Möglichkeit die Initiative zu ergreifen.

Als *Gruppenleiter* haben Sie

- die Unterstützung des Managements,
- Verantwortung und Befugnisse,
- Arbeitspläne und Projekte,
- Mitarbeiter,
- ein Budget und andere Ressourcen,
- Arbeitsdispositionen,
- Arbeitsabläufe,
- Zeit,
- Netzwerke,
- die Möglichkeit die Initiative zu ergreifen.

Gehen Sie die Punkte einzeln durch. Was könnten Sie aus den gegebenen Voraussetzungen herausholen? Was hält Sie davon ab?

Wenn man Verhalten als all das begreift, was man sagt oder tut, können nur Sie entscheiden, wie Sie sich verhalten. Der amerikanische Schriftsteller Ralph Waldo Emerson hat einmal gesagt: „Die in Ihnen steckende Kraft ist einmalig und niemand außer Ihnen weiß, wozu Sie fähig sind, und Sie wissen es auch erst, nachdem Sie es ausprobiert haben.“ *Sie* sind das Zentrum Ihrer Welt! Das gilt für jeden.

Und doch kann man nicht allein existieren. Wir sind von Menschen umgeben, zu denen wir unterschiedlich enge Beziehungen haben. Einige sind uns augenblicklich sehr nah, anderen wären wir gern näher und zu wieder anderen besteht eine deutliche Distanz.

Um mehr über sich selbst und Ihren augenblicklichen Stand zu erfahren sollten Sie über die folgenden Punkte nachdenken. Beurteilen Sie Ihre Fertigkeiten im Umgang mit Menschen und im Umgang mit Aufgaben. Bewerten Sie Ihre jeweiligen Fertigkeiten anhand einer Zehn-Punkte Skala.

Ihre Fertigkeiten im Umgang mit Menschen

- eindeutige Kommunikation und Fähigkeit zuzuhören,
- Entwicklung, Ausbildung und Unterstützung,
- gesellschaftliche Akzeptanz erreichen,

- Engagement der einzelnen Mitarbeiter und des Teams erzielen,
- Prognosen und Feed-back austauschen,
- Anleitungen bei Problemlösungen geben,
- erbrachte Leistung anerkennen,
- ein erfolgreiches Team leiten,
- als Mitglied des Managementteams akzeptiert werden,
- Aufbau eines Netzwerkes.

Ihre Fertigkeiten im Umgang mit Aufgaben

- Ziele innerhalb des Budgets erreichen,
- Qualitätsstandards und Kundennähe aufrechterhalten,
- agieren statt reagieren,
- kontinuierliche Verbesserungsmöglichkeiten suchen,
- analytisches Vorgehen bei Problemen,
- Herausforderungen annehmen,
- Verantwortung übernehmen,
- Kosteneffektivität ständig berücksichtigen,
- innerbetriebliche Koordination und Kooperation,
- Beitrag zum Geschäftsplan des Unternehmens.

Ihre Bewertungen beeinflussen wahrscheinlich den Plan für Ihr weiteres Vorgehen. Vermutlich zeigen sich gewisse Dringlichkeiten. Es gibt aber einen kritischen Faktor. Sie haben ein Arbeitsleben mit vielen Verpflichtungen. Sie haben ein Privatleben mit vielen Verpflichtungen. Halten sich beide ausreichend die Waage?

Wenn Sie aufgrund von Stress oder Überarbeitung zusammenbrechen, wer wird sich Ihrer Meinung nach im Betrieb ernsthaft Sorgen machen? Wenn man eine Firma betrachtet, könnte man sich fragen:

- Wieso existiert sie, was ist ihr Zweck, ihre Ideologie?
- Wie sieht die antreibende Vision aus, was muss getan werden, damit die Ziele erreicht werden? Welche Philosophie steht dahinter?
- Wie sieht die Strategie aus, wie werden die Pläne umgesetzt und die Technologie eingesetzt?

Gelten diese Fragen nicht genauso für das Berufsleben und die eigene Lebensplanung?

Versuchen Sie klüger zu arbeiten und sich zu verbessern, was nicht bedeuten sollte, dass sie länger arbeiten. Um effektiv zu arbeiten ist ein gewisser

Druck erforderlich, aber wählen Sie das Tempo so, dass der Stress annehmbar ist, vielleicht sogar einen kleinen Kick gibt. Wenn die Spannung ansteigt, gönnen Sie sich ein paar Minuten und überlegen Sie,

- ob die Prioritäten richtig sind,
- ob Sie wirklich alle Optionen berücksichtigt haben,
- was geschehen würde, wenn Sie nicht da wären,
- was das Entscheidende ist.

WAS WILL ICH ERREICHEN?

Ihre Beförderung und Ihr Fortkommen hängen größtenteils von Ihrer eigenen Entwicklung ab. Das Unternehmen sollte Schulungs- und Entwicklungsmöglichkeiten bieten, aber die Initiative, der Wunsch, die Bemühungen, die Verpflichtung und die Verantwortung für die eigene Entwicklung bleibt bei Ihnen.

Selten reicht harte Arbeit allein für eine Beförderung aus. Bereiten Sie sich auf die vor Ihnen liegenden Aufgaben vor. Prüfen Sie kritisch, welche Fertigkeiten und Kenntnisse Ihnen noch fehlen, und bemühen Sie sich dann, sich diese anzueignen. Bilden Sie gleichzeitig jemanden aus, der später Ihre Aufgabe übernehmen kann.

Mindestens einmal im Jahr sollten Sie eine umfassende und offene Diskussion mit Ihrem Vorgesetzten führen und fragen: „Welche Fortschritte mache ich?" „Wie kann ich mich verbessern?" Ziehen Sie regelmäßig persönlich Bilanz und kümmern Sie sich um die Bereiche, die verbesserungswürdig sind.

Sie könnten mit der eigenen Arbeitsplatzbeschreibung beginnen und für jeden Punkt prüfen, ob Sie die jeweiligen Ziele vollkommen erfüllen. Vielleicht gibt es Bereiche, mit denen Sie überhaupt nicht klarkommen, weil Sie in diesen Bereichen keine angemessene Ausbildung haben oder weil Sie sie nicht mögen. Wie wichtig sind diese Bereiche? Könnte Ihre Schwäche in diesem Bereich Ihre Beförderung verhindern? Seien Sie bei der Überprüfung der eigenen Fähigkeiten ehrlich mit sich selbst.

Wenn Sie einen Bereich bestimmt haben, in dem Sie sich verbessern möchten, sollten Sie sich überlegen, wie Sie vorgehen, und einen Termin festlegen. Folgendermaßen können Sie dann weiter vorgehen:

Komponenten für meinen Erfolg			
Technik	*Menschen*	*Finanzen*	*Marketing*
Meine Kenntnisse und Fertigkeiten sind ausschlaggebend für meine Position.	Menschen und Geld sind meine wichtigsten Ressourcen. Ich muss in der Lage sein beide optimal zu nutzen.		Meine Position hängt davon ab, ob ich die Anforderungen und Erwartungen anderer erfülle.
■ Warum wurde mein Arbeitsplatz eingerichtet? ■ Was wird als Hauptaufgabe angesehen? Ist das eine Herausforderung oder engt es mich ein? ■ Wie gut arbeite ich wirklich? ■ In welchen Bereichen muss ich mich weiterbilden? Was unternehme ich diesbezüglich? ■ Was tue ich, sollte ich tun um mein Fachwissen und meine Fertigkeiten auf dem Laufenden zu halten, um mein Wissen und meine Fertigkeiten als Führungskraft auf dem Laufenden zu halten?	■ Was sind meine Stärken und Schwächen im Umgang mit Menschen? ■ Wie gut bin ich als Teamleiter und als Teammitglied? ■ Von wem bin ich abhängig? Warum? ■ Wer ist von mir abhängig? In welchen Bereichen? ■ Wer beeinflusst mich? Wie? Ist das positiv oder negativ? ■ Wen beeinflusse ich? Warum? Wie? ■ Was benötige ich um diese Punkte zu optimieren?	■ Wie passt mein Arbeitsplatz in den Finanzplan des Teams? ■ Verstehe ich die Finanzunterlagen, die Analysen und die Bedeutung des Teams? ■ Ich bin eine Kostenstelle. Welches sind die direkten und die indirekten Kosten meines Arbeitsplatzes? Welche finanziellen Erwartungen werden an meine Leistung geknüpft? ■ Aus welchen Komponenten setzt sich das Budget zusammen? Wie beeinflusse ich es bzw. könnte ich es beeinflussen? ■ Was könnte ich zusätzlich innerhalb des Budgets erreichen?	■ Wer sind meine Kunden? ■ Welche besonderen Anforderungen haben sie? Woher weiß ich das? ■ Wie reagiere ich auf diese Anforderungen? Mit welchem Erfolg? Was kann oder sollte ich sonst noch tun? ■ Welche Veränderungen sind in diesen Bereichen zu erwarten? Was muss ich tun um den Erwartungen zu entsprechen? ■ Wird der Marketingplan regelmäßig überprüft?

- Sie können an einem Kurs teilnehmen, der zu einem anerkannten Abschluss führt (Zertifikat, Gesellenbrief oder akademischer Abschluss).
- Bitten Sie darum an Weiterbildungskursen teilnehmen zu können.
- Fragen Sie Ihren Vorgesetzten, welche Fachliteratur er Ihnen empfiehlt.

Beschränken Sie sich aber nicht nur darauf, sich in allen Bereichen Ihres gegenwärtigen Arbeitsplatzes weiterzubilden. Heutzutage wechseln Arbeitnehmer in der Regel mehrmals während des Berufslebens den Arbeitsplatz. Sorgen Sie rechtzeitig vor um auf möglichst viele Aufgaben vorbereitet zu sein. Vor allem in den Bereichen Technik, Menschen, Finanzen und Marketing müssen Sie Kompetenz beweisen (siehe die Übersicht auf Seite 186).

PRÄSENTATIONSFÄHIGKEITEN

Viele Gruppenleiter – und viele Manager – werden nicht befördert, weil sie keine Präsentation halten können. Eine Präsentation erfordert folgende Fähigkeiten:

- zu einer Gruppe von Personen zu sprechen,
- dem Management ein Projekt vorzustellen,
- eine Gruppe von Menschen zu beeinflussen,
- eine Sitzung zu leiten,
- einen Bericht zu erstellen und vorzustellen,
- Korrespondenz zu diktieren oder Stichworte dafür aufzuschreiben,
- grundlegende statistische Daten zu interpretieren,
- mit einem Computer umzugehen,
- ein Interview im Fernsehen oder in den Printmedien zu geben,
- offen und wirkungsvoll mit Menschen einer anderen Kultur und eines anderen ethnischen Hintergrundes umzugehen,
- eine Schulung durchzuführen.

Natürlich müssen Sie nicht alles beherrschen, aber können Sie mit Sicherheit diejenigen Fähigkeiten bestimmen, die Sie in den nächsten zwei Jahren nicht benötigen werden?

Inzwischen gibt es einige gute Ratgeber, Videos und verschiedene Seminarangebote, die ein Grundwissen vermitteln können. Aber manches kann man nicht im Fernkurs erlernen. Nutzen Sie Gelegenheiten dieses Wissen in die

Praxis umzusetzen und bitten Sie jemanden mit Erfahrung um eine Beurteilung und Hilfestellung.

Wenn man Präsentationsaufgaben gut meistert, gibt das dem Selbstbewusstsein einen enormen Schub, es unterstützt Ihr Bild als Führungspersönlichkeit und damit auch die Aussichten auf eine Beförderung.

CHECKPOINT 1

Mussten Sie schon einmal eine Präsentation halten? War sie erfolgreich? Wie könnten Sie Ihre Fähigkeiten noch verbessern?

EIN NETZWERK AUFBAUEN

In bestimmten Situationen kommt es weniger auf die eigenen Fähigkeiten an, sondern darauf, wen man kennt. Wer hat die benötigten Informationen? Wer hatte schon einmal mit einem solchen Problem zu tun? Wer kann Sie unvoreingenommen beraten? Welche Auswirkungen werden technische Neuerungen in Ihrem Bereich über die nächsten drei Jahre haben? Wer sind Ihre Gegenspieler in vergleichbaren Unternehmen – in Deutschland und in Übersee? Zu wem haben Sie bei auswärtigen Treffen Kontakt?

Sie sollten ein Netzwerk von Namen, Positionen, Adressen, Kontaktnummern usw. von Personen aufbauen und pflegen, die irgendwann einmal hilfreich sein könnten. Die Angaben lassen sich am besten in einem Adressbuch oder auf Karteikarten verwalten.

WIE MANAGE ICH MEINEN CHEF?

In diesem Abschnitt geht es weder um einen Machtkampf noch um den Versuch eine schwierige Auseinandersetzung zu gewinnen, denn jeder, der sich im Unternehmensdschungel auskennt, weiß um den wichtigsten Grundsatz für das eigene Überleben: *Lasse deinen Chef gut dastehen!*

Sie und Ihr Vorgesetzter sollten Partner sein, denn Sie verfolgen gemeinsame Ziele. Aber Sie sind unterschiedliche Persönlichkeiten, reagieren verschieden und haben wahrscheinlich unterschiedliche Stärken und Schwächen. Versuchen Sie die Unterschiede durch Beobachtung und Diskussionen herauszufinden, damit Sie sich gegebenenfalls gegenseitig unterstützen können.

Vielleicht hat Ihr Chef

- eine globalere Sicht und größeres Hintergrundwissen über die Situation,
- mehr Entscheidungsbefugnisse über die Ressourcen,
- größere Erfahrungen und Kenntnisse über das Produkt oder die Dienstleistung,
- einen größeren Enthusiasmus für „mehr, besser, billiger und schneller“,
- ein Gefühl der Isolation.

Vielleicht haben Sie

- detailliertere Kenntnisse der Gegebenheiten am Arbeitsplatz,
- bessere Kenntnisse über die Fähigkeiten der Mitarbeiter,
- genauere Kenntnisse der Anforderungen und Reaktionen der Kunden,
- ein besseres Verständnis für die Grenzen des einzelnen Mitarbeiters, des Teams und für zeitliche Engpässe,
- die Unterstützung des Teams.

Finden Sie heraus, wie Ihr Chef delegiert – selten, häufig, mit einer groben Vorgabe oder sehr detailliert – und beweisen Sie Ihre Kompetenz durch Ihre Leistung. Gehen Sie nicht mit Problemen zu ihm, kommen Sie mit Empfehlungen. Umso eher wird er in Zukunft delegieren.

CHECKPOINT 2

Finden Sie heraus, wie Ihr Chef am liebsten arbeitet: Geht er Risiken ein, ist er innovativ oder eher konservativ? Trifft er Entscheidungen schnell oder langsam? Sucht oder vermeidet er Konflikte? Kann er Zeit und Arbeit gut oder schlecht organisieren? Delegiert oder regiert er? Verlangt er Informationen schriftlich oder mündlich? Wie möchte er von Kollegen und vom Management gesehen werden? Ist sein Führungsstil autokratisch oder demokratisch?

Um Erfolg zu haben sind Sie aufeinander angewiesen. Jeder sollte den Stil des anderen verstehen. In einem Verhältnis, in dem Diskussionen möglich sind, entwickelt sich die beste Zusammenarbeit und Ihr Chef und Sie können sich gegenseitig durch Ihre jeweiligen Stärken unterstützen.

Eine Gefahr, die Sie im Hinterkopf behalten sollten, besteht darin, übergangen zu werden. Wenn Ihr Chef den Teammitgliedern direkt Anweisungen gibt, müssen Sie das unterbinden (es sei denn, besondere Umstände erfordern es). Sagen Sie Ihrem Vorgesetzten: „Wenn Sie sich direkt an die Mitarbeiter wenden, wissen diese nicht, ob sie dann direkt Ihnen oder mir berichten sollen. Und wenn sie Ihnen berichten, müssen Sie bedenken, dass ich dann nicht mehr für das Festlegen und Sicherstellen eines reibungslosen Arbeitsablaufes verantwortlich sein kann. Wenn meine Mitarbeiter in diesem Bereich Unsicherheiten spüren, werden sie Wege finden uns gegeneinander auszuspielen.“ Lassen Sie sich nicht übergehen.

Damit die Ziele erreicht werden, ist Ihr Chef auf Sie und die gleich bleibend gute Leistung Ihres Teams angewiesen. Dies gibt Ihnen Macht. Und es ist in seinem Interesse Sie zu unterstützen, denn gute Ergebnisse fördern den Ruf, sowohl Ihren als auch den Ihres Vorgesetzten.

KAPITEL 11

Zusammenfassung

Abb. 11.1 **Nur so sind Sie effektiv**

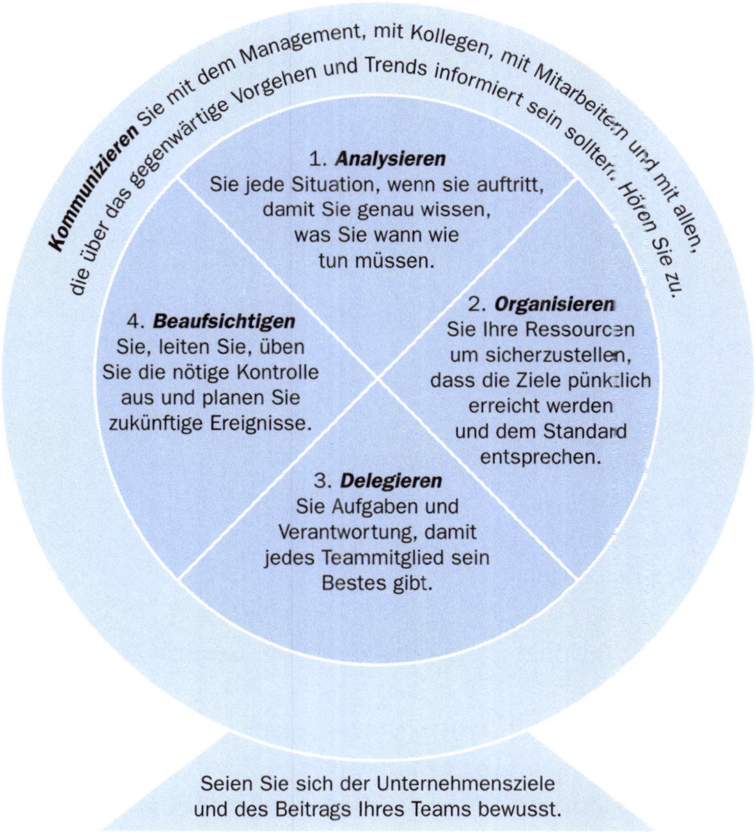

Sie sollten

- Ihre Ziele kennen und wissen, wie sie sich in die anderen Aktivitäten einfügen,
- Ihrem Team erläutern, was von ihm erwartet wird, welche Ergebnisse erforderlich sind, wie der Standard aussieht, welche Probleme auftreten können,
- Arbeit gerecht einteilen und die Fähigkeiten der Mitarbeiter ausreichend berücksichtigen,
- Leistung anerkennen und konstruktive Kritik üben,
- leiten und erläutern,
- zuverlässig, konsequent und verlässlich sein,
- zuhören,
- für alle gleiche Kontrollen gelten lassen,
- den Mitarbeitern vertrauen und für sie da sein,
- jeden Mitarbeiter bei der Entwicklung des eigenen Potenzials unterstützen und ihm die Möglichkeit geben mit den Aufgaben zu wachsen,
- Ziele erreichen.

Sie sollten *nicht*

- ausschließlich mit Routineaufgaben des Teams beschäftigt sein und alles andere ignorieren,
- die Mitarbeiter im Unklaren lassen und gleichzeitig gute Ergebnisse von ihnen erwarten,
- von den Eifrigen oder den Schwachen zu viel verlangen,
- das Gleiche von allen erwarten,
- die Mitarbeiter im Ungewissen lassen,
- Mitarbeiter in Anwesenheit anderer maßregeln,
- einen Tobsuchtsanfall bekommen,
- Versprechen ignorieren,
- nur reden,
- schlechte Leistung oder unzureichende Ergebnisse stillschweigend dulden oder ignorieren,
- die Fähigkeiten Ihrer Mitarbeiter unterschätzen,
- permanent hinter Ihren Mitarbeitern stehen,
- mit dem Erreichen des Gruppenziels zufrieden sein.

Abb. 11.2 **Das beeinflusst Ihren Erfolg**

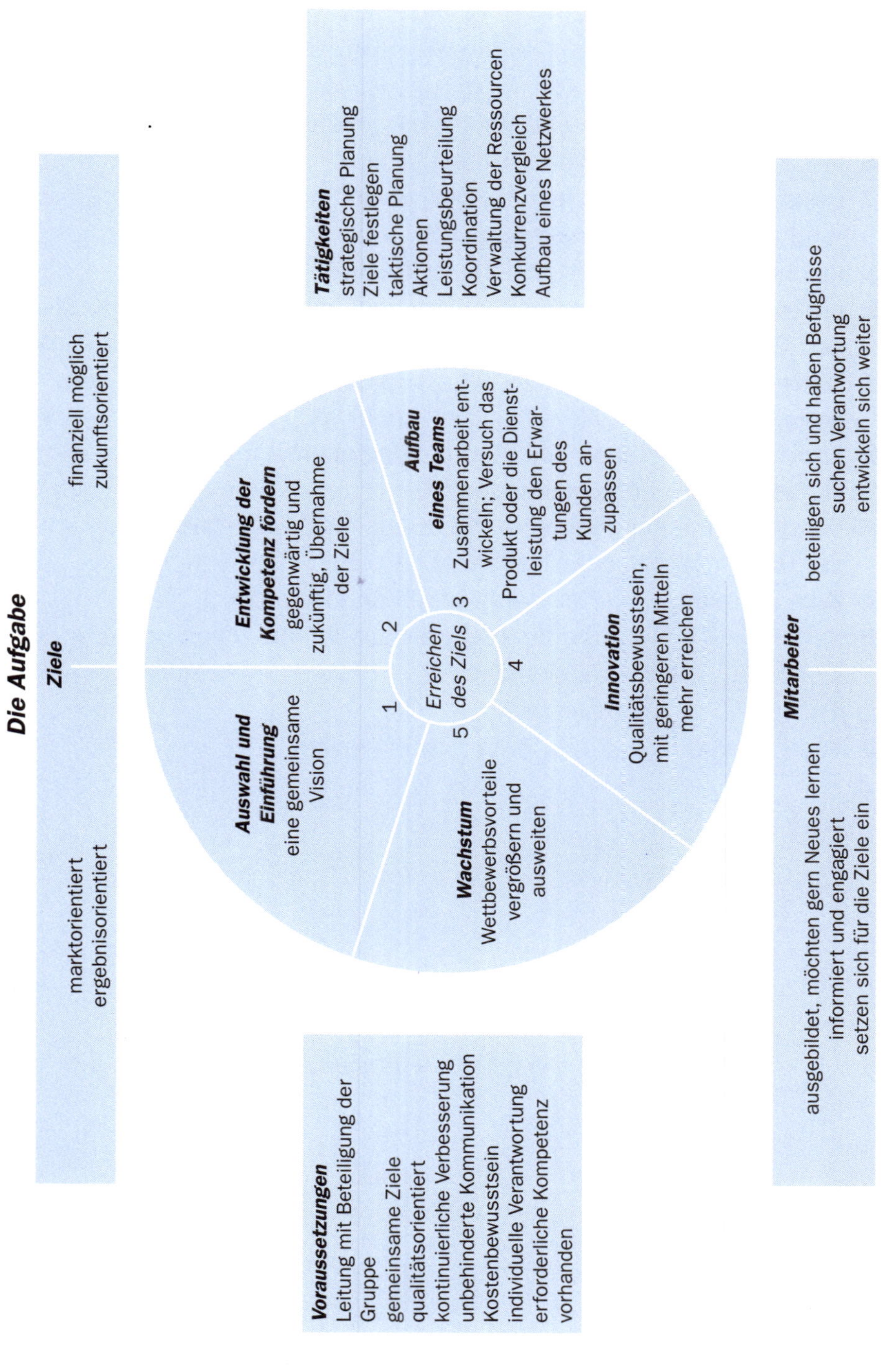

EINE PERSÖNLICHE CHECKLISTE FÜR SIE ALS GRUPPENLEITER

- Kenne ich mein Ziel?
- Gibt es Standards, mit denen ich die Leistung beurteilen kann?
- Habe ich die erforderlichen Ressourcen?
- Habe ich einen festgelegten Plan, an dem ich mich orientiere? Sind die Kontrollen angemessen?
- Erfahre ich regelmäßig, welche Fortschritte ich mache?
- Erziele ich die geforderten Ergebnisse (Qualität, Quantität, Kosten, Zeit)?
- Habe ich klare Vorgaben für Verantwortung und Befugnisse festgelegt?
- Erledige ich Aufgaben selbst, die delegiert werden sollten?
- Treffe ich gute Entscheidungen?
- Werde ich meinen Aufgaben in der Aus- und Weiterbildung und bei der Unterstützung der Mitarbeiter gerecht?
- Kommuniziere ich effektiv? Höre ich anderen zu?
- Kennen meine Mitarbeiter ihre individuellen Aufgaben und ihre Ziele? Engagieren sie sich dafür?
- Erkenne ich gute Arbeit an?
- Wie gut arbeiten wir als Team zusammen?

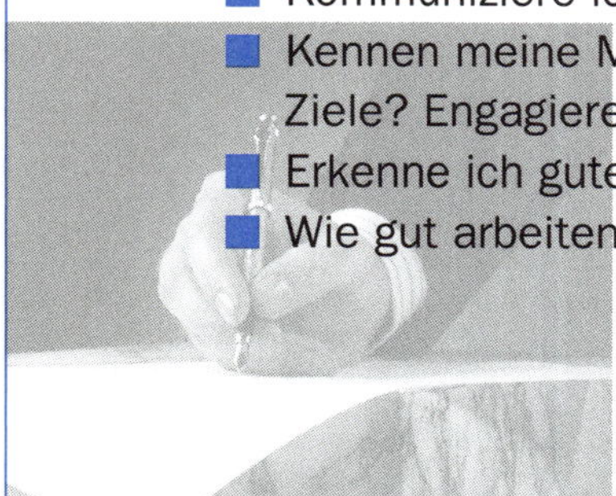

Register

Im FALKEN Verlag sind zahlreiche Titel zu den Themen Bewerbung/Beruf/Karriere erschienen. Überall erhältlich, wo es Bücher gibt.

Sie finden uns im Internet: **www.falken.de**

Der Text dieses Buches entspricht den Regeln der neuen deutschen Rechtschreibung.

Dieses Buch wurde auf chlorfrei gebleichtem und säurefreiem Papier gedruckt.

ISBN 3 8068 7330 5

Umschlaggestaltung: Peter Udo Pinzer
Fotos: Inhaltsverzeichnis und Kapitelaufmacher: Tony Stone, München (Doug Armand); Checklisten: Christian Wauer, Wiesbaden
Layout: Klaus Ohl, Wiesbaden
Redaktion: Dr. Dietrich Voorgang, Heidenrod
Nachauflagenredaktion: Sabine Weeke
Herstellung: Albert Brühl

Satz: Raasch & Partner GmbH, Neu-Isenburg
Druck: Ludwig Auer GmbH, Donauwörth

817 2635 4453